「日本スゴイ」のディストピア

戦時下自画自賛の系譜

早川タダノリ

朝日文庫

本書は二〇一六年六月、青弓社より刊行されたものを加筆・修正しました。

「日本スゴイ」のディストピア　戦時下自画自賛の系譜　目次

はじめに　17

第1章　「日本主義」大ブーム到来

「日本スゴイ」ネタの原型　22
「日の出」編集部編「世界に輝く 日本の偉さはこゝだ」(『日の出』一九三三年〈昭和八年〉十月号付録)、新潮社)

日本主義は全人類の奉ずべき道徳精神である　28
井乃香樹『日本主義宣言』(建設社、一九三四年〈昭和九年〉)

日本人の底力・粘り強さは米食からくる　30
中山忠直『日本人の偉さの研究』(章華社、一九三三年〈昭和八年〉)

お墓マニアが語る日本精神 34
平野増吉『日本精神とお墓』（小森繁雄、一九三六年〔昭和十一年〕）
満洲事変で「日本人」はどう変わったのか 38
高橋三吉／日比野正治講述、大阪毎日新聞社編「日本精神に還れ」
（大阪毎日新聞社／東京日日新聞社、一九三四年〔昭和九年〕）
「天才帝国日本」の栄光と崩壊 42
池崎忠孝『天才帝国日本の飛騰』（新光社、一九三三年〔昭和八年〕）
混沌化する「日本精神」諸派 45
池岡直孝『日本精神の実現』（章華社、一九三五年〔昭和十年〕）
恐るべき「君が代」の秘密 49
鹿子木員信『日本精神の哲学』（文川堂書房、一九四二年〔昭和十七年〕）
全国民を「日本国民産業軍隊」に改造せよ！ 53
高松敏雄『真日本主義国民改造と道義大亜建設』（刀江書院、一九四一年〔昭和十六年〕）

「日本主義」を掲げ御用組合結成 56
神野信一『日本主義労働運動の真髄』（亜細亜協会出版部、一九三三年〔昭和八年〕）

第2章 「よい日本人」のディストピア

「日本人に生まれてよかった」？ 65
新居格編『支那在留日本人小学生 綴方現地報告』（第一書房、一九三九年〔昭和十四年〕）
学校教師を「ミニ天皇」化する「日本的学級経営」 68
永井熙『週間単位 尋六の学級経営』（第一出版協会、一九三九年〔昭和十四年〕）
学校は児童を日本的に鍛える道場である 71
野瀬寛顕『新日本の学校訓練』（厚生閣、一九三七年〔昭和十二年〕）
掃除の時間になると、校長やおら壇上に立ち…… 75
土方恵治『行の訓育』（モナス、一九三九年〔昭和十四年〕）

小学生の裸乾布摩擦に目を細める文部省視学官
草場弘『皇民錬成の哲理』（第一出版協会、一九四〇年〔昭和十五年〕） 78

聖戦を担う皇国女子を育成せよ！ 81
下村寿一『聖戦完遂と女子教育』（日本経国社、一九四四年〔昭和十九年〕）

日本が世界の中心でなければならない！ 84
鈴木源輔『戦時国民教育の実践』（帝教書房、一九四二年〔昭和十七年〕）

宇宙的スケールをもった「皇国教育」がスゴイ！ 88
和歌山県女子師範学校附属小学校編『皇道日本教育の建現』
（四海書房、一九三五年〔昭和十年〕）

護国の英霊をつくるための「師魂」 93
竹下直之『師魂と士魂』（聖紀書房、一九四三年〔昭和十八年〕）

日本の少国民は、世界でいちばん知能がよいのですよ 98
葉山英二『日本人はどれだけ鍛へられるか』（新潮社、一九四三年〔昭和十八年〕）

修学旅行で「神国日本」を実感 102
関西急行鉄道パンフレット「参宮の栞」（一九四二年〔昭和十七年〕四月）
受験で試される愛国心 104
「受験と学生」調査部編『学生受験年鑑 昭和十七年版』（研究社、一九四二年〔昭和十七年〕）
勝つために今日も体力向上の実践をしよう 110
柳澤利喜雄『決戦体力の目標』（〔生産文化叢書〕、みたみ出版、一九四四年〔昭和十九年〕）
集団登校のお作法があった日本スゴイ 113
選挙権年齢引き下げを先取りした大日本帝国の有権者教育がスゴイ 117

第3章 礼儀正しい日本人——国民礼法の時代

用便は便所にすべきで、庭や路傍にすべきではない 124

藤井本三郎『昭和国民作法書』（礼法普及会、一九二八年〈昭和三年〉）

祝祭日には赤飯炊いて 127
大日本聯合婦人会／大日本聯合女子青年団編『女性非常時読本』
（社会教育会館、一九三三年〈昭和八年〉）

よい子の諸君！ カツアゲと痴漢には気をつけよう 131
東京府中等学校保導協会『保導パンフレット 第一輯』
（東京府中等学校保導協会、一九三七年〈昭和十二年〉）

自由主義を撲滅し、交通道徳を守りましょう 134
「少年団研究」一九四〇年（昭和十五年）十月号・十二月号（大日本少年団聯盟）

弁当箱は左の手に持つ！ 140
東京高等師範学校附属国民学校初等教育研究会編『国民科修身教育の実践――国民学校礼法教授要項案』（大日本出版、一九四一年〈昭和十六年〉）

朝礼は心を込めて 143
牧野靖史『国民学童 礼法の実践――国民礼法詳解』（国進社出版部、一九四二年〈昭和十七年〉）

御真影はどのように並べるのが正しいか　149
川島次郎『学校礼法 儀式篇』（目黒書店、一九四二年〈昭和十七年〉）
学校掃除は錬成組織づくりから　156
東京高等師範学校附属国民学校初等教育研究会編『研究紀要』第一輯（東京高等師範学校附属国民学校初等教育研究会、一九四三年〈昭和十八年〉）
服従は美徳である　161
甫守謹吾『国民礼法 産報版・男子用』（金港堂書籍、一九四二年〈昭和十七年〉）
交通マナー啓蒙に「東亜の盟主」を持ち出す日本スゴイ　169

第4章　よく働く日本人――勤労哲学の教化と錬成

兵士は戦場に死し、工員は職場に斃る　176
原了『決戦下の青少年』（協和書房、一九四三年〈昭和十八年〉）

「日本的勤労観」の暗黒　180
難波田春夫『日本的勤労観――産業報国運動の理論的基礎付けの試み』
（「産報理論叢書」第一巻）、大日本産業報国会、一九四二年（昭和十七年）
報酬を求めるのは日本固有の精神ではありません　187
小島徳弥『働く女性の力』（国民教育会出版部、一九四二年（昭和十七年）
金銭のために働くのは、金銭の奴隷にすぎないいやしい根性　196
上野摠一『み国のために働く小産業戦士の道しるべ』（黒髪社、一九四三年（昭和十八年）
「お国のため」は「自分のため」　202
笠原正江『働く婦人の生活設計』（勤労青年文化叢書）、東洋書館、一九四二年（昭和十七年）
神国日本の有給休暇　209
全国産業団体連合会編『勤労管理研究』（大日本産業報国会、一九四二年（昭和十七年）
勤労青少年の「不良」がスゴイ　214
大日本産業報国会編『産業青少年不良化防止対策』（翼賛図書刊行会、一九四三年（昭和十八年）
厚生省労働局／職業局編「徴用工員錬成記録」
（重要事業場労務管理研究部会、一九四二年（昭和十七年）九月）

海外にはばたく「大東亜就活」 226
三平将晴『共栄圏発展案内書』(大日本海外青年会、一九四四年〈昭和十九年〉)

第5章 神がかり日本に敗戦はない

大東亜皇道楽園の出現 238
桑原玉市『大東亜皇化の理念』(〈「国防科学研究叢書」第一輯〉、富士書店、一九四二年〈昭和十七年〉)
大東亜戦争の神話的意義 242
大串兎代夫『大東亜戦争の意義』(〈「教学叢書」第十二輯〉、文部省教学局、一九四二年〈昭和十七年〉)
神の国には敗戦はない 246
塩沢元次『日本必勝論』(駸々堂、一九四三年〈昭和十八年〉)
不逞思想の持ち主は南島へ「流刑」 250
大蔵公望「大東亜共栄圏の政治建設」
(日本外政協会編「外交評論」一九四二年〈昭和十七年〉四月号、日本国際協会)

陸軍省軍務課「思想犯経歴者南方に収容する件」(一九四二年〈昭和十七年〉八月十四日付)
「魚を食ふから日本は強い」! 253
中村吉次郎『日本人と魚食』(〈月明文庫〉、月明会出版部、一九四三年〈昭和十八年〉)
文部省の公式「日本スゴイ」本がヤバイ会社に酷似の件 257
文部省教学局編『臣民の道』(文部省教学局、一九四一年〈昭和十六年〉)
参考文献 263
あとがき 267
文庫版あとがき 272

本文中で取り上げている書物の引用文中の漢字は、常用漢字にあらためた。また〔〕は著者による補足である。

「日本スゴイ」のディストピア

戦時下自画自賛の系譜

はじめに

二十一世紀に入って以来、「世界が尊敬する日本人」「本当はスゴイ日本」などと訴えるおびただしい数の「日本スゴイ」本が刊行されている。似たような名前の本を立て続けに発売する出版社の営業努力はもはや敬服に値するほどだ。

こうした「日本スゴイ」言説を丁寧にみていくと、「日本人スゴイ」というジャンルがあることに気づく。書店には『日本人だけが知らない 世界から絶賛される日本人』（黄文雄、徳間書店、二〇一一年）、『日本人はなぜ世界から尊敬され続けるのか』（黄文雄、徳間書店、二〇一一年）といった日本人大絶賛系タイトルや、『日本人はいつ日本が好きになったのか』（竹田恒泰、PHP新書）、PHP研究所、二〇一三年）、『日本人はなぜ日本のことを知らないのか』（竹田恒泰、（PHP新書）、PHP研究所、二〇一一年）など、よく考えると意味不明なタイトルがつけられたものもある。なかにはベストセラーになっているものも存在する。

「日本人」と一口に言っても、総理大臣を筆頭に詐欺師や人殺し、痴漢まで、さまざまな方面で能力を発揮してしまっている人がいるわけで、「絶賛」「尊敬」されるようなことをしたエライ人だけを抽出して「日本人」と一括りにするのは、相当に無理がある。

しかも「日本スゴイ」と自画自賛するだけならまだしも、「笑えるほどたちが悪い韓

写真１　大日本相撲愛国献納会が軍用機「相撲号」（九六艦戦）を海軍に献納するにあたって、神事とともに横綱・双葉山と男女ノ川が土俵入りを奉納した。なんとも「日本スゴイ」感が漂う異様な記録写真になった
（出典：「写真週報」第120号、内閣情報部、1940年）

国」といった嫌韓・嫌中の差別煽動言説とワンセットになっているのだから、他者を貶めることではじめて自己の優位性を確認するというさもしい精神の産物が、大量に流通しているのである。

本書では、一九二五年ごろから四五年（昭和のはじめごろから昭和二十年）までに刊行された当時の「日本スゴイ」本から、「日本主義」「礼儀」「勤労」など、現代の「日本スゴイ」本にもあふれるキーワードごとにチョイスし、玩味し鑑賞したものである。もちろんこれらは「日本文化論」の範疇にも入るものだが、和辻哲郎や九鬼周造、また谷崎潤一郎などの古典的名著の類いはすべて割愛し、歴史のゴミ箱に捨て置かれたようなクダラナイ本、知っていても役に立たない本、人類の運命にとってはどうでもいい本を厳選して収集した。「日本スゴイ」言説のご先祖様が、どれだけ「スゴイ」のかを本書で堪能していただければ幸いである。

第1章

「日本主義」大ブーム到来

満洲事変（一九三一年〔昭和六年〕）以降、日本の出版界に、「日本主義」を謳う愛国本の洪水が押し寄せた。歴史学者の赤澤史朗（立命館大学名誉教授）が引くところによれば、「日本精神論や日本主義を説く図書と論説は一九三三年（昭和八年）以降激増する傾向を見せ、一九三四年（昭和九年）ともなると新聞の「納本書目欄」には「毎日必ず二三冊の『日本精神何々』と云ふ新刊書が発見されると云ふ勢ひ」」（赤澤史朗『近代日本の思想動員と宗教統制』〔歴史科学叢書〕、校倉書房、一九八五年）になったという。

実際、当時の『出版年鑑』（東京堂編、東京堂、一九三一―三四年）から日本哲学、国家・国体論、政治一般などのジャンルで日本主義・日本精神論の書籍を数えてみると、一九三一年（昭和六年）＝十八冊、三二年＝四十一冊、三三年＝五十四冊、三四年＝五十六冊とたった四年の間に激増しているのがわかる。別の『出版年鑑』（東京書籍商組合編、東京書籍商組合、一九三二―三三年）では、三二年＝百二十二冊、三三年＝九十六冊をカウントすることができた（筆者調べ）。

こうした愛国本は、いずれも『日本精神の哲学』（鹿子木員信、直日のむすび出版部、一九三二年）、『日本精神読本』（伊藤千真三、東洋書院、一九三三年）、『日本精神論』（伊藤千真三編、進教社、一九三六年）、『日本精神史』（宮西一積、新生閣書店、一九三四年）、『日本精神の研究』（河野省三、大岡山書店、一九三四年）、『真の日本精神』（岸一太、明道会、一九三四年）といった「日本精神」モノを筆頭に、『神国日本の啓明』（三浦葦彦、平凡社、一九三三年）、『日本の大使命――世界解放と海外大発展』（服部教一、日本植民学校東京事務所、一九三三年）、『昭和日本の使命』（荒木貞夫、社会教育協会、一九三二年）、『光は日本から』（千家尊建、〔建設文庫〕、建設社、一九三三年）、『日本主義の論理』（松永材、大雄閣、一九三二年）、『日本の決意』（細井肇、大日本雄弁会講談社、一九三二年）、『大日本の建設』（上泉徳弥、国風会出版部、一九三二年）……と、とにかく「日本」を冠した似たような本ばかりで枚挙にいとまがない。

この「日本精神」本の出版ブームからわずか数年後には日中戦争が全面化し、戦時意識を徹底させ戦争協力を強いる国民精神総動員運動が始まる。出版を通して皇国臣民としての精神的土壌を耕されたうえで、人々は総力戦体制を受け入れ、積極的に加担するようになっていったのだった。昨今の「日本スゴイ」本ブームが何かの前触れでなければいいのだが、残念ながらそうした楽観的な期待はいまのところもてそうにない。

「日本スゴイ」ネタの原型

「日の出」編集部編「世界に輝く 日本の偉さはこゝだ」(「日の出」一九三三年(昭和八年)十月号付録)、新潮社)

現在あふれている「日本スゴイ」言説の、その原基形態ともいえるものからみていこう。新潮社が出していた月刊総合雑誌「日の出」は、満洲事変を契機とする日本の国際連盟脱退(一九三三年(昭和八年)三月)を受けて、特別読み物付録のシリーズをつけた。まず一九三三年四月号に「国難来《きた》る！日本はどうなるか」、七月号に「維新から昭和まで国難突破十大物語」、そして十月号が「世界に輝く日本の偉さはこゝだ」——というラインナップだった。

十月号の「日本の偉さはこゝだ」というタイトルからして、現代の「日本スゴイ」本の精神的ご先祖様であることがうかがえるが、この三つの特集の並び方もまた、「日本スゴイ」コンテンツの活用法として興味深いものがある。

まず、国際連盟脱退直後の「国難来る！日本はどうなるか」では、巻頭から「日本は孤立する」と厳かに宣言している。イギリス、アメリカ、フランス、さらにドイツもまた日本をいじめて、「極東の盟主的地位」から蹴落とそうとたくらんでいる。

図１　「東京朝日新聞」1933年９月７日付に掲載された「日の出」1933年10月号（新潮社）の広告。この広告では特別付録「日本の偉さはこゝだ」がメインになっている。惹句では、日本がいかに「世界第一」かを並べたあと、「この痛快なる事実を見よ！日本人は世界第一意識に眼ざめて全国民結束　世界の大土俵に立つべきだ!!」と締めくくっている。現在にも引き続く「日本スゴイ」コンテンツが果たす機能を、ストレートに表現している

かくして日本は、地球上に全く孤立無援となつたのである。次に来るべきものは果して何か。非常時の非常時たる所以は、いよ〳〵これから初まるのだ。国民上下ともに、大いに心気を新にし、不動の覚悟をさだめて、群り起る前面の難関に対し、果敢に突進しなければならないことを、こゝに特筆し強調する。

（一三ページ）

と結ぶのだ。日本が「地球上に全く孤立無援」というフレーズは、そもそもこうした事態を招いた引き金は満洲事変であるにもかかわらず、被

害者意識全開なところが誠に興味深い。最近の保守系雑誌で煽られる「反日包囲網」なるものにそっくりで、歴史は繰り返すことを改めて思い知らされる。

とはいえ、読者からすれば「これは大変なことになった」と恐怖せざるをえない。実際、この付録では「日支は斯く戦ふ」（陸軍中将・高田豊城、山中峯太郎）、「日露は斯く戦ふ」（陸軍少将・伊藤政之助）、「日米は斯く戦ふ」（海軍少将・匝瑳胤次、平田晋策）と、未来戦記風記事とはいえあたかも世界の強国と戦争をおっぱじめるかのように煽りまくっているのだった。

続く「維新から昭和まで国難突破十大物語」では、歴史の教訓に学ぶというスタンスだ。


我が日本は、今や国際連盟を脱退して、空前の大国難に直面してゐる。国民ひとしく奮起して、天の下せるこの大試練に臨まうとするとき、暫く過去を振返つて、我等先人の奮闘の姿、苦戦のあとを眺めるのは、決して無駄では無いばかりか、最も時宜に合した企てゞあると信ずる。（三ページ）

挙げられている「国難」は、「黒船来航」「露国皇太子遭難事件（大津事件）」「日清戦争」「日露戦争」をはじめ、「米国排日の暴状」（木村毅）、「満洲事変と連盟脱退」（山中峯太郎）にいたる十本。

なかでも最終章に据えられた山中峯太郎の記事は、連盟脱退にいたる外交交渉や閣議の様子を小説仕立てで描きながら、「護れ祖国！　今こそ、外交国難、経済国難、思想国難に対して、外にも内にも、祖国を護らなければならぬ」（一五七ページ）と結んでいる。危機を煽りまくって愛国心に訴え、祖国への献身を要求するという、たいへんわかりやすい物語が構築されているわけだ。

そして第三弾が「世界に輝く日本の偉さはこゝだ」。世界から孤立した日本の国難を突破するためには、ともすれば白人コンプレックス・西洋コンプレックスにさいなまれる日本人に、自らへの誇りを付与しなければならない——というのがこの号のコンセプトだった。「日本はどうなる」→「国難突破」→「日本は偉い」というテーマの組み立て方は、とても八十数年前とは思えないほど現在的である。いやむしろ、現代の愛国者諸君が繰り返す「日本人の誇りを取り戻す」論の仕組みこそ、八十数年前の煽り技術をまだ愛用しているのだということがよくわかる。

この「日本の偉さはこゝだ」号のコンテンツも、最近の「日本スゴイ」テレビ番組の元ネタはこの小冊子ではないかと錯覚するほどだ。百五十二ページという短いものながら、「日本人の偉さ」「日本のすごさ」ネタを大小合わせて四十五本あまりもそろえている。執筆陣も豪華で、時の文部大臣・鳩山一郎、逓信大臣・南弘の序文を筆頭に、山中峯太郎（作家）、堀口大學（詩人）、芦田均（のち首相）、田辺尚雄（音楽学）、足立文太郎（解剖学）、山室軍平（救世軍）などそうそうたる顔ぶれが並んでいた。

ここに登場する「日本人の偉さ」ネタを観察すると、

①立派な日本人（個人）のエピソード
②海外で活躍する日本人（個人）のエピソード
③日本の美術工芸品や工業製品についての海外からの称賛
④日本人は肉体的にも西洋人（白人）に劣っていないことを「証明」
⑤日本がもっている世界一の記録集

――という、五つのカテゴリーに分類することができる。これだけでも昨今の「日本スゴイ」番組のパターンと酷似していて、この領域でのネタ探しには昔から進化がないようだ。

ともあれこうした「日本人の偉さ」を客観的にみれば、「それは本当に偉いのか？」という疑念がわく怪しげなものが多い。

なかでも足立文太郎博士による「外人に優る日本人の体」は特筆すべきものである。足立博士は「決して西洋人のみが優秀人種ではない」ことを立証しようと、人体の柔らかい部位を研究する「軟部人類学」を提唱し、鼻の高さや耳垢の乾湿、腋の汗腺の数などについて白人と日本人（この二分法もおかしなものだが）の違いを徹底的に研究した。

足立博士はいう。

　動物の体は、毛が深い。人類は、進化してゆくうちに毛が少くなつたのである。ところが西洋人と日本人とを比較してみると、どつちが毛が多いか？　西洋人の毛深さは、まつたく驚くほどで、手といはず足といはず、胸部、背部どこでも、もぢやもぢやと生えてゐる。それを見ると、われわれはいさゝか得意になつて、「まだ西洋人は、毛の抜け方が足らぬぞ。それはとりもなほさず動物に近いのだ！」といつて日本人の体を見せてやりたくなるのである。（五七―五八ページ）

　この論に従えば、体毛が薄いだけでなく、さらに頭部が禿げてしまっている人がいちばん進化していることになるわけだが、博士の結論は西洋人への劣等感を捨て、日本人は「大いに優越感をもつて貰ひたい。（略）「わが民族は優れたり」の観念を以って、今後の日本人は堂々、世界に雄飛すべきだ」というものだった。

　足立博士は市井の一変人などではなく、京都帝国大学医学部教授を務めた解剖学の権威だったが、体毛の濃さでさえナショナリズム高揚のネタとして活用するという、異様な情熱によってトンデモ理論の域に達していたのだった。

日本主義は全人類の奉ずべき道徳精神である
井乃香樹『日本主義宣言』（建設社、一九三四年〈昭和九年〉）

「日本主義宣言」という大きく振りかぶったタイトルになにやら面妖な香りが立ち上っているが、「まえがき」によると作者の井乃はこの本で「『共産党宣言』を破らうと欲した」とある。「「相対性理論」を論破した！」的な不穏な空気がこの時点で漂っている。実際にこの本の三分の一はマルクス批判に充てられていることからも、彼なりに一主義を樹立する勢いで命名したのだろう。

井乃香樹はペンネームで、本名は井篦節三。井篦は大正末期には「名古屋新聞」で論説を書いていた。そのころの文章をみると、当時のインテリのご多分に漏れずアナーキズムと社会主義とを経由した人物のようで、その出自は『日本主義宣言』での独自な展開にも見て取れる。

井乃によれば「日本主義とは古来日本に発達した日本精神をいふのであるが（略）此の精神は（略）日本人のみならず、全人類の奉ずべき道徳的精神である。しかるに、此の精神が独り我国にのみ正しく発達して外国には夙に上古に於て頽廃したからこそ、たまたまそれが日本独自の精神とは《ママ》なつたのである」という。

これは本居宣長『玉くしげ』（一七八九年）にある理屈を援用したものだが、人類に普遍的な道徳精神がたまたま日本に残存したという思想は全編を通して貫かれている。例えば「国家は最高の道徳」というプラトン以来の普遍的テーゼを述べたうえで、最善の国家には最善の主権者が必要だ、それは最善の家長をもつことであり、そのため最善の主権者は万世一系の世襲君主でなければならないと結論する。そしてそのような君主は、太古には氏族社会から自然に発生したが、よその国々ではみんな滅び、独り日本でだけ太古の王政が天壌《てんじょう》無窮《むきゅう》に発達した――そう井乃は説くのである。

この日本的＝特殊的なものにおいて普遍的なものが唯一保持されているがゆえに、日本主義こそ「全人類の奉ずべき道徳的精神」だとする論理には大きな飛躍がある。先の例にあるように、なぜ「最善の主権者は万世一系の世襲君主」なのかについての論証は欠落している。そもそも彼が設定する普遍的な価値は、「万世一系の世襲君主」を正当化するために恣意的に持ち出されたものにほかならない。

この本が刊行された一九三四年（昭和九年）前後は「日本主義」本が粗製乱造された時代だった。その多くが神がかった宗教的信念をもって「日本主義」を宣揚していたのに比べれば、井乃の『宣言』はまだマシなのかもしれない。だが、「日本主義」なる妖怪に魅入られると、かくも牽強付会な理屈に淫してしまう。『日本主義宣言』はまさにその手本になるような理論で構成されているのである。

日本人の底力・粘り強さは米食からくる

中山忠直『日本人の偉さの研究』（章華社、一九三三年〈昭和八年〉）

SFや漢方医学、さらには忍術・オカルトまでを守備範囲とした中山忠直という奇才がいた。彼の『日本人の偉さの研究』という本は、現在の「日本スゴイ」論の先駆けともいえる内容で、そこで駆使されている「日本のスゴさ」をあげつらう技術は「これ言っている人、いまもいるいる！」的な感慨を覚えるほどだ。

「科学上の才能は日本人が世界一」

「日本人が世界でいちばん強い」

「日本人種が世界一の神の選民」

……など、この本ではあらゆる領域で日本と日本人の世界一ぶりを列挙しているが、ひときわ目を引くのが「世界中を見渡して、日本人ぐらゐ腰の強い民族は有り得ぬ」（七四ページ）という宣言だ。

中山によれば、日本の産品の粘着力・弾力性がきわめて重要なのだという。

まず、日本の米にはたいへんな粘りがある。

郵便切手の糊になるのは日本米だけである。それは日本米が粘着性に富んでゐるからである。日本の米はモチ米に限らずウルチ米でさへも、他国のに比べものにならぬ程糊性を持つてゐる。（七〇ページ）

さらに材木にも粘着性がある（?）という。

材木の中で日本の木ほど粘着性に富んでゐるものはない。桐の下駄がドイツから盛に日本に輸入されたが、直ぐに割れてしまつて物の役に立たず、直ぐに輸入が止まつた。（七〇ページ）

もうこのへんで、「それホント?」的な疑問が湧き上がってくるが、中山はさらに、日本紙、皮革、日本婦人の毛髪……など、いずれも粘着性と弾力性に富んでいるのだと力説していくのである。

こうした粘着性・弾力性に富んだモノを産する風土が、日本人の精神に影響を与えたのだと中山はいう。

日本は此の様な弾力に富んだ物を産する風土である。此処に住んでゐて、粘性の

米を食ひ、粘性の家に住み、弾力性の紙やその他の物を用ふる日本は、自ら弾力性の物を生ずる日本の自然界の霊気を受けて、心も体も弾力に富むやうになる。日本人の底力、ねばり強さは此処から来るのである〔。〕諦められぬと諦めると云ふ心理は、日本のみが世界に持つ特質である、日本と云ふ土地は其処に生れ育つ物を、強靭にするところの一種の霊気に充満してゐる。（七二ページ）

中山によれば、西洋人とけんかしても日本人が勝つのは、この粘り強い米を食べて腰が強いからだそうだ。なんとも理解しがたい屁理屈だが、中山はあくまでもこれが「科学的な証明である」と胸を張っている始末なのだった。

中山の場合は「霊気が充満」などという言葉があるからオカルト風味の怪しい妄想ぶりをすぐに看破できるのだが、こうした言説はそれなりの歴史をもっていて、現在も根強く生きている。古くは江戸時代初期に出版された『人国記』に始まり、和辻哲郎『風土——人間学的考察』（岩波書店、一九三五年）を経て、ここ最近の「日本スゴイ」本にいたるまで、日本の気候・風土の特徴からそこに住む人間の性質を論じる日本人論・日本文化論は衰える様子を見せていない。

けれども中山の論に明らかだが、モノの「粘着性・弾力性」と人間の性質の「粘着性・弾力性」がどのようにシンクロするのかは、何ら具体的に述べられてはいない。同じように、気候や風土などの自然条件が人間の性質に影響を与えることは大枠では否定しえないとしても、自然に対する人間の社会的なはたらきかけを通じて両者は関係を取り結ぶのであって、その社会的生産関係をすっとばしていきなり日本人一般の性格をアレコレ論じるのはまったくの誤謬なのである。

ともあれ、「納豆を食べているから日本人は粘り強い」系の食べ物の状態から民族性を特徴づける不可解な理論は、最近の「日本スゴイ」本のなかにいくらでも見いだすことができる。「日本スゴイ」と言いたくなってしまうと、ありとあらゆる自然の徴候が日本人の性格と同期して見え始め、「目に映るすべてのことはメッセージ」状態になってしまう。その意味で、中山は現在の「日本スゴイ」論者の精神的ご先祖様だったわけだ。

お墓マニアが語る日本精神
平野増吉『日本精神とお墓』(小森繁雄、一九三六年〈昭和十一年〉)

「日本精神」と「お墓」をつなぐことで、他書に例を見ない怪しい雰囲気を醸し出している奇書がこれだ。平野増吉は明治から昭和にかけて林業界で活躍した実業家だが、お墓研究家である松崎整道と出会ったことをきっかけに独自の「お墓」理論体系に開眼し、この本を著すにいたったという。

平野によれば、万世一系の天皇をいただく日本国民は「世界のあらゆる人種と民族とを超越して、最も優秀卓抜なる素質を備へたる民族」にほかならず、その中心には「自分の成功、繁栄は「親」のお蔭であり、就中「祖先」の恩恵であるといふやうな気持ち」がある。すなわち「「家」とか「父祖」とかを本位に、日常の行動を考へて生活する」ことが国民性の根底をなすという。そのため日本国は「皇室を中心とし奉るところの一つの大きな「家」の綜合体」なのだとする。これだけでも現在からするとかなり香ばしい自画自賛ぶりだが、家長としての天皇をいただく家族国家が日本なのだという、当時よくあった主張ではある。けれども、平野が傾倒する「お墓」思想によって、ここから不気味な脱線が始まる。

お墓といふものは、実に世界に誇るわが国民性の根源を成すところの家族制度、即ち「家」の観念と密接不可分のものである（二九ページ）

「日本人の国民性」を無理やりお墓に引き寄せている気がするが、これは単なる前触れにすぎない。平野は続ける。

お墓を粗末にすればその家は栄えません。必ずその家は滅びる。（略）お墓を粗末にしてもよい、どうなつても構はない――といふやうな考へが国民を支配するやうになつたならば、それぞれの家は亡び、わが国の世界に誇る民族の優秀さが失はれ、忽《たちまち》にして国は滅亡するに至るでありませう。（六一―六三ページ）

ここで平野の論理は逆回転する。日本精神の基礎をなす家族制度、そしてその表れとしての「お墓」――という展開が、「お墓」を大切にしない

と家は滅び国家は滅亡する、ということになってしまう。ちょっと待てよ、これって「先祖を供養しないから家庭に不幸が起きる」的な霊感商法と同じ展開ではないか。

実際、これ以降の展開は、「無縁仏の墓石を階段にした住職の息子が死んだ」「墓地を潰して家を建てた代議士が疑獄にひっかかり心臓麻痺で死んだ」など、嘘かホントかわからないエピソードを大量に列挙しながら、「家運は墓から予言できる」などというオカルトお墓論を展開していく。まさに墓石業界が泣いて喜びそうな内容の書といえるが、お墓トークの熱さに比して、「日本精神」のほうは行方不明になってしまうのだった。

ありがたいお言葉

昔から日本人は、「家名を辱しめる」といふことを非常に重大な恥辱と考へる。自分の家の名誉を傷つけたといふことになれば、古来武士道から言へば切腹して罪を謝したものであります。日本人の生命は実にこの「家」であり、「家名」であり、これが脈々として我々の血管に流れて居るのが、我が大和民族の国民精神であつて、わが国体が世界に冠絶して、優秀無比なるものであることの根本が、実に茲にあることは日本人以外の国民には理解出来ないところであります。（一三ページ）

歴史的にみれば、「家の名誉」が生命よりも大切にされたのは武士など一部の階級の規範にすぎないわけで、それを「大和民族の国民精神」に拡張するのはかなり無理がある言説だ。しかもこれが「わが国体が世界に冠絶して、優秀無比なるものであることの根本」だとするにいたっては、妄念としかいいようがない暗い情熱の産物だろう。

こうした武士階級の習俗の理想化と大拡張は、最近の「日本スゴイ」言説でも根強く繰り返されていて、『武士道と葉隠――誉れ高き日本人の原点を探る』（［TOWN MOOK］、徳間書店、二〇一二年）や『わが子に教えたい日本の心――武士道精神の源流』（石平、PHP研究所、二〇一二年）、『ひと目でわかる「日中戦争」時代の武士道精神』（水間政憲、PHP研究所、二〇一三年）、『韓中衰栄と武士道』（黒鉄ヒロシ、KADOKAWA、二〇一四年）といった、武士でもない人が武士道を称揚するという恥ずかしいタイトルの本が量産されている。

満洲事変で「日本人」はどう変わったのか

高橋三吉／日比野正治講述、大阪毎日新聞社編「日本精神に還れ」（大阪毎日新聞社／東京日日新聞社、一九三四年〔昭和九年〕）

この小冊子は、ワシントン軍縮条約（一九二二年）の強硬な反対派として知られ、のちに連合艦隊司令長官を務めた高橋三吉海軍中将と、海軍軍事普及部委員長だった日比野正治海軍少将（いずれも当時）による講演を集めたもので、発行元は大阪毎日新聞社と東京日日新聞社だった。

ちょうど、刊行の前年（一九三三年〔昭和八年〕）三月に日本は国際連盟を脱退したわけで、これから日本はどうなるのかという不安が社会を覆っていた。そのような時局的背景のもと、大々的に宣揚されたのが「日本精神」という根性だった。特に大阪毎日新聞社と東京日日新聞社は当時「日本精神」発揚のための大キャンペーンをおこなっていて、率先して軍部のお先棒を担いでいたわけだ。

「帝国海軍における日本精神の発露」と題した高橋の講演の冒頭に、満洲事変（一九三一年）以後の日本の雰囲気について、こんな興味深い言及があった。

　満洲事変が起りまして以来、この日本帝国の国民の考《かんがへ》が丁度その数年前の考とまるで変つてしまつたのであります。いままではかう言つたならばイギリスの御機嫌を損じはせぬか、かう言つたらアメリカが怒りはせぬか、只その心配が重《おも》なるものであつたのです。ところが、この満洲事変を契機といたしまして、今はアメリカがどう言はうがイギリスがどんな顔をしようが、吾々お互ひはたゞその信ずるところを勇往邁進《ゆうおうまいしん》、たゞやつてをるのであります（拍手）（三ページ）

満洲事変直後から「愛国本」「日本主義本」が洪水のように書店店頭にあふれたことはすでに触れたが、そこには読者層の意識に大きな変化があったことが、高橋の言葉からうかがえる。また、「国際連盟会議でいくら騒いでみても松岡全権がさんざん威張り散らして帰つて行く、誰がどう言つても少しも日本は後ずさりはいたしません」と高橋は続ける。このあたりの〝一発ぶちかましてやったぜ〟的な威勢のよさに民衆が拍手喝采を送るようになったときがいちばんアブないのだが、高橋中将は読者層、ひいては日本の大衆の意識の変化にちゃっかり便乗していたのだった。

というのもこの時期、満洲事変の事態収拾に関して参謀本部が陸軍省を抑えて指導力を発揮したことを高橋は好機ととらえ、海軍省のもとにある人事権や予算編成の権限について、戦時には軍令部へ移行させるという軍令部条例と省部互渉規定の改定を画策し

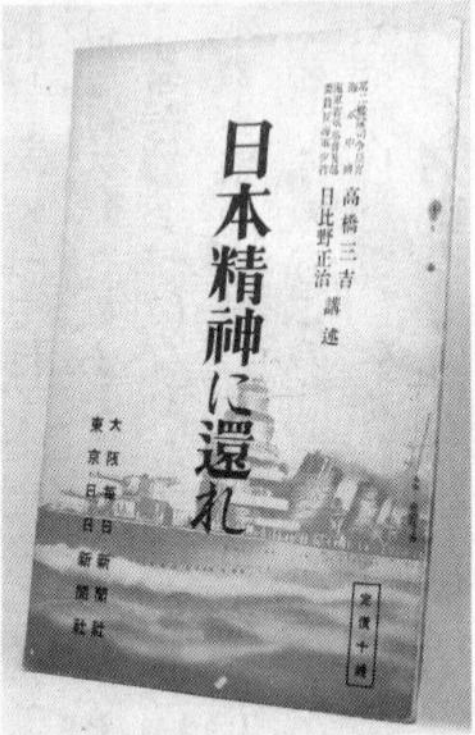

ていたのだった。「その信ずるところを勇往邁進、ただやってをる」という鼻息の荒さは、海軍内の指導権を争う自分の姿と重ね合わせたものとみることもできるだろう。

ところが、高橋が利用した欧米列強へのけんか腰の世論が、彼を悲劇へと導くことになる。同書でも高橋は「私は海軍にをるが決して戦争をしたがってゐるんぢやない（略）外交工作をうまくやってもらひたい」と繰り返している。たしかに彼は対アメリカ戦争については回避を望んでいたといわれている。しかし、現役時代は海軍内の対アメリカ強硬派を抑える側にまわったが失敗に終わり、「大東亜戦争」のころにはすでに予備役となってその発言力は削がれていた。しかし敗戦後、満洲事変当時に海軍首脳という立場にあったことでGHQ（連合国軍総司令部）によって巣鴨に収監されてしまう。これが高橋にはこたえたようで、獄内では意気消沈ぎみだった。笹川良一によれば、獄中で褌姿で放歌しながら踊るなど自らを鼓舞していたという。かつては「アメリカがどう言はうがイギリスがどんな顔をしようが、吾々お互ひはたゞその信ずるところを勇往邁進、たゞやってをるのであります」と威勢よくタンカを切った昔日の面影はいずこ……、といったところだろうか。

ありがたいお言葉

満洲にゐる陸軍も、洋上の海軍艦隊も皆極力自重して、そして日本帝国は満洲国の独立保全、日本民族の生存確保、東洋の平和、これ以外何ら野心はない、満洲を取つたらシベリアを取らう、又、南はフイリツピンを取る、蘭領印度、また印度も取るといふような考へは毛頭持つてゐないのであります。つまり野心がないといふことを知らしてもらひたい、また知らす義務がある。（一九一―二〇ページ）

高橋は「そんなつもりはない、野心はない」などと言いながらも、この講演からわずか八年後には、日本軍はシベリア以外すべてに侵攻した。高橋の「つもり」はどうであれ、「野心がない」と公言する政治家や軍人の言葉をバカ正直に信じてはいけないということがこのことからもわかる。

「天才帝国日本」の栄光と崩壊

池崎忠孝『天才帝国日本の飛騰』（新光社、一九三三年〈昭和八年〉）

コントやお笑いの世界に「出落ち」という言葉がある。舞台に出たときに、客を笑わせるような仕掛けのことをいうのだが、そのあとも引き続きウケを狙って笑いがとれるかというとなかなか難しいようだ。夏目漱石門下の俊英として知られた池崎忠孝（筆名は赤木桁平）によるこの本も、「天才帝国日本」という珍奇なフレーズだけが印象に残る内容的にも残念な本で、タイトルだけが笑えるという愛国本界での「出落ち」本の最たるものではないだろうか。

池崎は赤木桁平《こうへい》名義の文芸評論「『遊蕩文学』の撲滅」（一九一六年）で一世を風靡するも、女性問題を機に文壇から姿を消し家業に専念する。しかしその後も商売に身が入らず、洋書を求めては外交・軍事の研究に没頭する。その研究をもとに池崎は『米国怖るゝに足らず』（先進社、一九二九年）を著し、今度は軍事評論家として論壇に躍り出たのだった。

『天才帝国日本の飛騰』は日英関係や満洲問題を論じた新聞への寄稿や講演をまとめたものだが、「日本を中心に世界は回転する」といった珍フレーズがちりばめられているほかは、池崎自身が書いているように「徹頭徹尾強硬論」で埋め尽くされている。「たとへ世界の全部を敵として戦ふの止むなき」「日本帝国の執るべき態度はただ直往邁進猪突突貫の一途あるのみ」などという言説ばかりで、当時は大量に生産されていたブレーキがきかない扇動家の類いのものにすぎず、特筆すべき論はない。

とはいえこの本の白眉は「天才帝国日本」なるフレーズをひねり出した「まえがき」にある。池崎はいう。

予の確信をもってすれば、二千六百年の歴史を有する日本国民は、古代の羅馬《ローマ》人のごとく、近代のアングロ・サクソン人のごとき天才国民であって、この天才国民の建設した日本帝国は、古代の羅馬帝国のごとく、近代の大英帝国のごとき天才国家であるといっても、なんら誇張に過ぎた観方ではあるまい。（四─五ページ）

世界の天才国家はすでにみな滅びたが、唯一日本だけが二千六百年にわたる歴史のなかでいまも燦然と輝いている。しかも一度も外敵によって支配された経験をもたず、常に戦勝してきた天才国家なのだ。だから世界文明史上、奇跡ともいうべきスゴイ「天才帝国日本」なのだ――ということのようだ。

池崎は一九三六年（昭和十一年）に衆議院議員に当選し、第一次近衛文麿内閣の文部

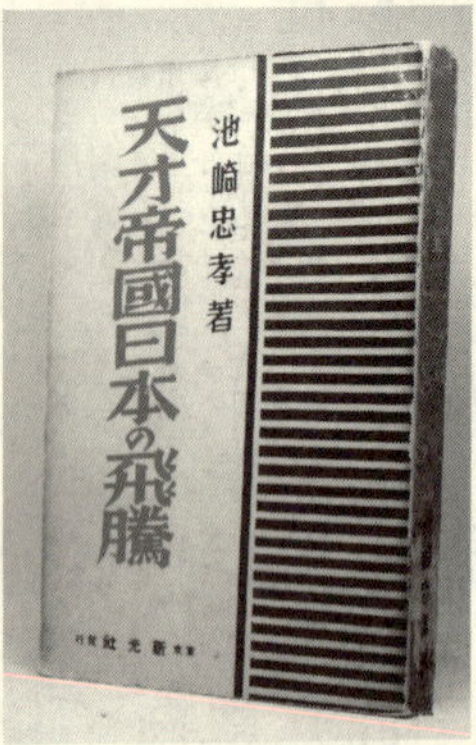

参事官を務めるかたわら、『日米戦はば』（新潮社、一九四一年）、『大英帝国日既に没す』（駸々堂書店、一九四二年）など世論を煽るばかりの時局解説本を執筆している。「大東亜戦争」敗戦後にはA級戦犯に指定され、結局は巣鴨プリズンに収監されることになった。

かつて池崎が青筋立てて褒め称えた「天才帝国日本」も、たった一度の敗戦でその「天才」たるゆえんをきれいさっぱり失ってしまったのだが、巣鴨プリズンで彼は「天才帝国」の崩壊をどのようにみていたのだろうか。

ありがたいお言葉

新国家としての日本帝国が、その発程の当初において擁してゐた国土の広袤《こうぼう》は、わづか十五万二千方哩《マイル》にすぎなかつた。しかるに現在の日本帝国が擁する国土の広袤は、ちかく彼れに保護に委せられた新国家満洲を加へて、実に七十万方哩の上に出でんとしてゐる。過去六十余箇年間において、まさに四十割の膨張率を示してゐるが、将来の日本帝国が、過去において然りしごとく、今後においてもやはり膨張の一路を辿るものとすれば、世界帝国としての日本帝国の出現も、あながち無稽の妄想だとはいへない。（七ページ）

「過去六十余箇年間において、まさに四十割の膨張率」なので、このまま膨張していけば天才帝国・日本はやがて世界帝国・日本に雄飛するのも夢ではないと語る中二病風味に悶えまくった。

混沌化する「日本精神」諸派
池岡直孝『日本精神の実現』（章華社、一九三五年〈昭和十年〉）

一九三二年から三三年（昭和七年から八年）にかけて「日本主義」本が大量に粗製乱造された結果、「日本主義」とはいったい何なのかがよくわからない状況が生まれていく。世論の盛り上がりに乗じて二匹目のどじょうを追い求める論客や出版社が「日本主義」ジャンルに群がり、それぞれが「愛国心」を胸を張って披露し合ったのだから、玉石混交どころか石ころばかりの「日本主義」本が大量に流通することになってしまったのである。

この本の著者・池岡直孝はこうした状況を深く憂い、「日本精神とは何ぞやと云ふが如き出発点に於て、論者の意見が区々であって、殆ど十人十色といふも過言ではない。（略）一言にして云へば、日本精神の研究は全く混沌雑然たる現状である」と苦言を呈している。

なぜ日本主義研究が混沌としているのか、それは研究の方法論が確立していないからだ！と池岡は気づく。そこで手始めに、池岡は「日本主義」諸派の内容を次のように分類し整理した。

①神道学派――加藤玄智や河野省三ら
②国史学派――清原貞雄、平泉澄ら
③国民道徳派――井上哲次郎や亘理章三郎ら
④倫理学派――和辻哲郎ら
⑤教育学派――吉田熊次、入沢宗寿ら
⑥哲学派――紀平正美、鹿子木員信ら
⑦法学派――筧克彦、大川周明ら
⑧そのほか――安岡正篤、西村真次、里見岸雄ら

このうち池岡が最も親近感をもったのは紀平正美らがいる哲学派だった。池岡は「現代人は日本精神の合理的な認識を要求してゐるのである。日本精神とは何ぞやとの問題に対して、「朝日に匂ふ山櫻花」では満足しないのである」として合理的な日本精神観念確立の必要性を力説する。

では、池岡がいう「日本主義」の合理的な定義とは何か。

池岡は、鹿子木《かのこぎ》員信《かずのぶ》による定義「日本精神とは日本的「出かしごと」たる日本歴史を出かす主体に外ならぬ」を引き、高く評価する。「出かしごと」とは出来事の意味であり、歴史は精神が生み出した出来事だというところから、鹿子木は「日本精神」を日本

の歴史生成の主体としておく。これはたいへんに変態的な規定であり、日本の有史以前に日本精神があったことになる不思議な矛盾をもたらす。その解決には、天壌無窮の神勅という神がかり的始原をその論の出発点とせざるをえない。そのうえで池岡は鹿子木を継いで、「日本精神とは日本国体を尊重愛護し日本文化を発展せしむる精神である」という自らの定義を開陳するのである。

冒頭部分でのある種の期待からするとかなり拍子抜けする「定義」で、激しい脱力感に見舞われる。そもそもこれは「日本精神」が発揮する機能（＝日本国体を尊重愛護、日本文化を発展）を表現したものにすぎず、「朝日に匂ふ山櫻花」と同様な情緒的呪文とどっこいどっこいの残念な結論だった。

せっかく日本主義規定の混沌ぶりに気づいたにもかかわらず、建国神話をいっさいの出発点とするかぎり、結局「ぼくがかんがえたさいきょうの日本主義」とでもいうべき個人的信条の開陳の地平から抜け出ることはできないことを、池岡は身をもって示したのだった。

ありがたいお言葉

吾人は現下を日本精神時代と名づける。日本精神といふ語は近年漸く社会の一隅に発せられつゝあつたに過ぎず、一般社会を動かす程の力はなかつたのであつたが、昭和八年夏頃から急に高調せられ初め、今や日本精神は社会人心を圧倒的に支配するところの最も力強き時代精神となるに至つた。（略）今や日本精神の高調は、全日本を支配するに至り、西洋模倣より急転回して、新日本の建設に全力を挙げて進むの情勢となつて来た。吾人は現代を称して日本精神時代と名づける。現代は実に日本歴史上重大なる一時期である。何が故にかかる日本精神時代を招来するに至ったか。日本精神の研究の第一歩として、日本精神高調の時代的意義を明確に認識することは、頗る重要のことである。（九―一〇ページ）

「昭和八年夏頃から急に高調せられ初め、今や日本精神は社会人心を圧倒的に支配するところの最も力強き時代精神となるに至った」というあたりは、「日本精神」「日本主義」ブームについての貴重な証言ともいえるが、「日本精神の高調は、全日本を支配するに至り」とはなんたるディストピアか。これをもって池岡は「日本精神時代」なる画期を提唱するのだが、現在なら「日本スゴイ時代」とでも名づけるのだろうか。

恐るべき「君が代」の秘密

鹿子木員信『日本精神の哲学』（文川堂書房、一九四二年〈昭和十七年〉）

鹿子木員信は、狂信的な日本国体原理主義者として紀平正美と双璧をなす哲学者である。国民精神総動員委員会に参画し、委員会の席上で「実施要綱」に「肇国の大理想を

闡明する」と入れろとゴネまくり（第二回精動委員会、一九三九年〔昭和十四年〕四月七日）、政党などというものは西洋の産物であるからすべて解散せよと提案してほかの委員の失笑を買ったり（第五回精動委員会、同年五月二十五日）と、その神がかり的愛国心の発露のありさまでは武勇伝に事欠かない。

一九三〇年（昭和五年）におこなわれた彼の講演を掘り起こして単行本にしたのがこの本だが、前半は時間・空間を論じて自らの歴史哲学を明らかにし、「歴史の世界構成の核心」は精神であると論断する、当時としてはよくある観念論的な展開になっている。がぜん面白くなるのは、一般的・普遍的精神ではなく具体的歴史を生成する（＝「出かす」）日本精神や、アメリカ精神といった「特殊なる精神」を論じ始めるあたりだ。

なかでも、「日本の「君が代」の国歌は、実に恐ろしい歌と云って宜いのであります」と前置きして「君が代」に隠された日本精神を読み解くあたりは、鹿子木先生の真骨頂だ。

鹿子木はいう。

小さな石が巖となる。此の驚くべき膨張と発展とを、此の歌は言ひ現して居るのでありまず。即ち、無限の発展と言ふことを我が国歌は宣言して居ります。（一二三―一二四ページ）

それだけではない。

〔さらにこれは：引用者注〕大和魂の、無限に発展して已まない、あらゆるものをその中に取り込んで已まない、その精神を歌つたものであります。（一二四ページ）

ここまでくると、へーそうだったんだ、すごいですねー（棒読み）としか言いようがない。最近の「日本スゴイ」言説での「君が代」解釈では、「さざれ石」のくだりについてはせいぜい「小石が集まって岩になるほどの長い年月」程度にしか説明しないのだが、この部分に「無限の膨張と発展」を読み取った鹿子木先生の眼力《がんりき》には驚嘆すべきものがある。もちろん、もともと「君が代」にこのような意味があったわけではなく、これは鹿子木先生が「さざれ石」の状態から自分で勝手に想像をふくらませて、きわめてクリエイティブな解釈を加えたものにほかならない。

この「君が代」解釈から敷衍して、鹿子木は、神武東征から説き起こし、神功皇后の三韓征伐から徳川家康にいたるまで、日本精神による無限の膨張と発展の歴史という物語を紡ぎ出すにいたる。大和魂の単線的発展史観とでもいいうるこの歴史哲学は、その壮大な体系にもかかわらず、鹿子木の無理やりな解釈が作り出したファンタジーだったのだ。

ありがたいお言葉

万国に冠絶する日本の国体の精華は何処にあるかと言ふと、申すまでもなく吾々が数千年尠《すく》なくとも二千六百年を通じて、万世一系の皇室を我々の真唯中に擁して、我々の生命を営み来つたといふことであります。(略) 或る同一なる一点を中心として我々の生命の営みが組織立てられて居ると云ふことであります。(一一五ページ)

鹿子木はこの「一点を中心として」生命が営まれているさまを「玉」に例え、「玉」は中心の一点から「無限にその周辺を拡大して行くことが出来ます」、だから日本は無限に膨張・発展していくのです……というのだが、「玉」がなぜ「無限に膨張・発展」するのかがまったく意味不明で、このあたりもあまりにファンタジーすぎてワケがわからないのである。

全国民を「日本国民産業軍隊」に改造せよ!

高松敏雄『真日本主義国民改造と道義大亜建設』(刀江書院、一九四一年〈昭和十六年〉)

「真《マコト》日本主義国民改造」――まるで悪の秘密結社かといわんばかりの人間改造願望がたまらなく香ばしい一冊だが、著者の高松敏雄については「日本塾」という右翼団体を組織していたこと以外はよくわからない。この本は一九三七年(昭和十二年)に高松自身が主宰する日本塾から刊行したのち、四一年に人文社会系の出版社である刀江書院から再版された。

前述した「日本主義」大ブーム期に上梓されたこともあって、ほかの「日本主義」本との差異を強調するために高松は「真日本主義」なる看板をひねり出しているのが目につくが、その内容は凡百のそれとどこが違うのかさっぱりわからない。

そもそも「真日本主義」の規定からして(例によって)何でもありなのである。

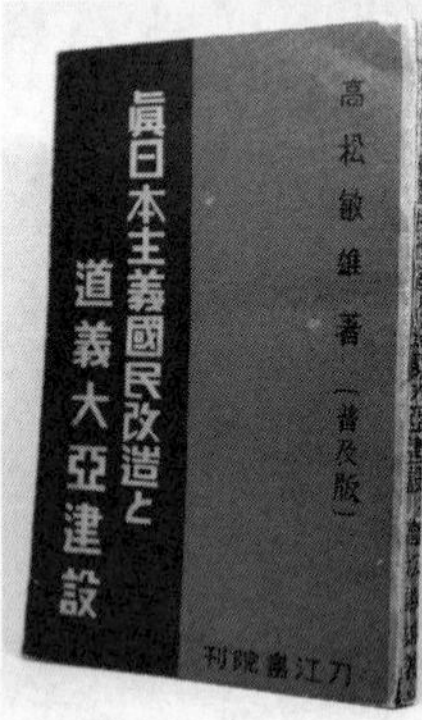

「真日本主義は日本精神に依ってある。日本精神は、日本国家の根本的特質たる、皇室を中心として万世一系の天皇に依り（略）日本民族の精神に他ならない」（一五ページ）
「真日本主義は、家族的民族主義であり、道義全体主義である」（一六ページ）
「真日本主義は民族的な信と誠を本としてその生命を存し、此の民族本然のまことを実践し、奉公の誠を致すものである」（一七ページ）

このように「真日本主義は」で始まる規定がいくつもあることから、高松が恣意的に選んだ好みの概念をどんどんぶち込んだカテゴリーだったことがわかる。

こうした熱情的な日本賛美を基礎としながら、この本の全体を通して描かれているのは高松式〈最強の日本国家改造計画〉の青写真なのだった。

さすがに皇室の存在についてはそのままにしながらも、政治機構では枢密院と並んで「国防参議院」を作ったり、教育では「人格完成者だけが教師になれる」制度をはじめ、各種学校の修業年限まで改造を加えるなど、あたかも自分が独裁者にでもなったかのような全能感に突き動かされて、ひとりよがりな国家改造計画を書きなぐっているのだった。いまでもこんな人、ネットにいますよね……。

この高松式日本改造計画で特筆すべきは、十三歳から二十歳までの少年・少女を「日本国民産業軍隊」として組織化するという恐るべき計画である。彼らを「道義大亜細亜建設の義勇軍」として迎え「八紘一宇の真精神のもとに奉公」させるスゴイ計画だった。この産業軍隊は「統制部」「参謀部」などの組織をもち、日本国民にふさわしく若年労働者を教育し、統制し、配置していくことによって高度国防国家の産業的要請に応える——というものだった。

こうした発想は、若年労働力の国家的統制という観点からみれば、「大東亜戦争」中の学徒勤労動員とそっくりなのだった。一九三七年（昭和十二年）の段階では市井の一変人の妄想だったものが、数年もたたないうちに現実になってしまう。日本の「スゴイ」を改めて感得した！

ありがたいお言葉

我等は（略）真日本人養成のため、真の民族本然の道義国家の国民として、国民の国家的綜合訓練を、日本国民産業軍隊に於《（ママ）》て行ふ。

日本国民産業軍隊は、国家的統制の下に、少青年の訓練を行ふ、国家常備の実

践的教育生産軍隊である。（略）

日本国民産業軍隊は、日本軍隊の産業化と云ふよりは、寧ろ、国民産業全般の合理的運行に依る、綜合的国防力の充実、富国皆兵真の国防国家の実を挙げんとするのである。（略）

日本国民産業軍隊は、皇道を宇内に拡充し、世界に宣布する気魄《きはく》と、民族的信念を涵養し、之に立脚するものである。（一五四―一五五ページ）

高松はこのようなアジテーションを気持ちよく書き連ねているのだが、この文章を読んでいると、まったく知らない人の音痴なカラオケを無理やり聞かされているような気分になってくる。

「日本主義」を掲げ御用組合結成

神野信一『日本主義労働運動の真髄』（亜細亜協会出版部、一九三三年〈昭和八年〉）

神野信一《かみのしんいち》は、自分が勤務していた石川島造船所内に左翼的労働組合づくりのための啓蒙団体・啓成会を結成（一九一八年（大正七年））し、「マルクス主義」を基調とする学習会や講演会を通じて二百人近くの同志を集めた。その当時の神野は「労働者に国境なし」「万国の労働者団結せよ」と、共産主義の国際主義理念に強く惹かれていたという。

ところが、神野は翌一九一九年（大正八年）に会社の命令でスイスへと技術研修に向かう。当時としてはたいへんなエリートの扱いだ。彼としてはヨーロッパでの共産主義運動を徹底的に研究・調査しようという意気込みだったが、門司港を出て船客として「遙かの彼方に浮雲の如く褪せ行く日本の島々を、見るともなくぼんやりと眺めてゐるうちに、何とはなく物寂しく遣瀬ない懐郷の情に胸の波立つのを覚え初めた」という。ホームシックにかかるのが早すぎるよ！とツッコミを入れたくなるくらい、当人の情けなさがここには表れているが、この懐郷の念はのちに日本主義へと転向する伏線だった。

最初に上陸した上海で、神野は「欧米諸国の白人達は、肌色の異つた東洋人を劣等人種として眼下に見くだし」という人種差別を目の当たりにする。同時に「支那の労働者は如何に低廉な賃銀で働く為に、日本の労働者は如何に失業に苦しんでも、一歩も支那の地へ働きに行くことも出来な

い」。「強力なる国家に属してゐる者ほど有利な地位に立」っていて、こうした現実から労働者に国境なしという「美しい国際主義《インターナショナリズム》の夢」は見事に打ち破られた――と回想している。

夢が壊れたのは神野の勉強不足のせいで、明らかにプロレタリア・インターナショナリズムについての理解がおかしい。だがこの上海ショックをきっかけに、神野はマルクス主義を捨て〈労使融合〉〈産業立国〉をスローガンに「日本主義労働運動」石川島自彊組合を立ち上げるにいたるのだった。

この神野が最初に実行したのは、石川島造船所争議を壊滅させることと、かつて自分が育てた左翼系労働組合を解体することだった。会社からの強力なテコ入れを受けながら第一組合の幹部を切り崩し、同時に武装した「自衛団」まで作って相手方の組合本部に殴り込みをかけた――というのだからすさまじい。「自衛団」による組合事務所への襲撃は何度となくおこなわれ「共産主義者の事務所を襲撃して、つひにこれを徹底的に掃滅してしまった」と神野は自慢げに書いている。これはその後の日本労働運動で、御用組合（第二組合）が第一組合を潰すために繰り返しおこなってきた手口の先駆をなすものだろう。

「日本主義労働運動」というお題目を看板に、「神国日本の建国の大精神」などの言辞で粉飾しているとはいえ、その本質は不満をもつ労働者を暴力で黙らせ、会社に都合がいいように職場を制圧することだった。逆にいえば、ここにこそ「日本主義」なるナショナリズムが果たす機能が見事に示されているのである。

ありがたいお言葉

先づ第一に日本人として確乎たる自覚に基き皇祖建国の大精神と大信念とをその根本精神と定め、世界に比類なき我国体と国民性とに即して正しき労働組合運動の建設を志して生れたのが、我《わが》日本主義労働運動である。

従つて、我々の運動は正しき日本精神をその枢軸とし、崇高なる日本の国体と厳然たる現実的存在としての日本の国家とをその礎石として立つものである。

（二五七ページ）


神野は右翼の陽明学者・安岡正篤（金鶏学院創設者）の指導を受けていた。彼が提唱した「日本主義労働運動」は、内務省とも密接な連携を取りながら左翼系労働運動の解体を促し、のちの産業報国運動の下地づくりを担ったのだった。

第2章

「よい日本人」のディストピア

現代の「日本スゴイ」言説と教育とは密接に関係している。

例えば一九九六年に刊行された藤岡信勝・自由主義史観研究会『教科書が教えない歴史』シリーズ（扶桑社）の場合、日本の歴史上にはこんな「スゴイ」人や事物があったというエピソードの羅列で構成されていて、後続する凡百の「日本スゴイ」本にその形式は踏襲されることになった。

同研究会代表だった藤岡が「本書は中学生が読めること、小学生でも先生の助告があれば理解できることを基準として執筆しました。本書を教室と家庭にぜひ一冊そなえていただき、先生と児童・生徒の間で、また親と子の間で歴史を語り合うキッカケにしていただければと思います」（同書「はじめに」）と述べているように、教師を主な担い手とした初期の自由主義史観研究会が、日本史授業の副読本として活用することをも念頭に置いて設計したものだった。

「忠臣義士孝子節婦」美談の羅列によって「国史」を語る手法は、敗戦前までの国定歴史教科書や国語読本の歴史教材などで活用されてきたものである。自身も戦時下教育体制に深く関与した教育学者の海後宗臣《ときおみ》は、

歴史学習における人物説話の教材は特に重要視されてきていた。歴史は優れた人物、忠義の志があつく、一身を主君にささげた人物、全国を統一し時代を動かす権力を

もった政治的人物、国体を護持するためにはその身をかえりみないでつとめた節操ある人物、このように歴史上屈指の人物がとりあげられて、その説話が教材として編成されていた。これらは史上の人物を模範とすることにおいて道徳的意味をもった教材ともなっていた。歴史は鑑として考えられ、史上の人物説話とそこから流れ出ている道徳の教えとは、児童を訓誡し勇気づけるものとみられていた。歴史教材はこのようにして道徳教授の役割を果すものでもあった。(『歴史教育の歴史』〈UP選書〉、東京大学出版会、一九六九年、二三五ページ)

と述べているが、取り上げられる人物への感情移入を通じて国史への理解を深めるだけでなく、国民の模範となす道徳教材としても、美談物語は位置づけられていた。かつての「日本スゴイ」コンテンツはこのように教育現場で活用されたのだった。

「こんな日本人がいた！　すばらしい日本がわかる86のエピソード」(普及版『教科書が教えない歴史3』表紙の惹句、産経新聞出版、二〇〇五年)とあけすけにその目的を語る『教科書が教えない歴史』シリーズは、〈昔の教科書で教えていた歴史〉というタイトルこそがふさわしいといえるだろう。

そしていま、道徳の教科化にあたって服部剛『先生、日本ってすごいね』(高木書房、二〇一五年)を筆頭に、「日本スゴイ」な美談物語群は公然と「道徳」の領域に浸透しつつある。この現象については本書で取り上げることはできないが、「日本スゴイ」言説が再び「よい日本人」を生産するツールとして機能させられようとしていることを見落としてはならないだろう。

本章では、戦時下教育体制で「日本主義」あるいは「日本的なるもの」がどのように活用されたのかを中心に事例を収集した。個々の「日本スゴイ」歴史美談については、中内敏夫『軍国美談と教科書』(岩波新書、岩波書店、一九八八年)など先行研究が多数あるため、ここでは割愛したことをあらかじめお断りしておく。

「日本人に生まれてよかった」？
新居格編『支那在留日本人小学生 綴方現地報告』（第一書房、一九三九年〈昭和十四年〉）

「日本人に生まれてよかった」論は「日本スゴイ」言説の小さからぬ一角をなしている。海外生活をきっかけに「日本のすばらしさ」に目覚める——という物語は、海外渡航者が少なかった一九六〇年代ごろ（昭和時代中期）までならばともかく、いまや陳腐なものになりつつある感が否めない。任意に選択された「日本的なるもの」を海外での不愉快な体験に対置して、だから「日本はすばらしい」と結論づける手法は、もう賞味期限が切れているのではないか。

それはさておき、海外居住者がしみじみと感じる「日本人に生まれてよかった」言説のなかでも、『支那在留日本人小学生 綴方現地報告』に収められたものは、〈東亜の盟主たる日本人〉としての立場からみた中国と日本の関係だった。同書はタイトルどおり、北京・上海・南京・香港・青島さらに撫順・奉天など在支・在満の日本人学校の生徒たちの作文を集めたもの。編者の新居格《にいいたる》が序文で「この綴方集は、国民全体が、戦争を知り、支那の真の姿を知りうる「国民読本」と称すべきものと思ひます」と述べているように、小学生ならではの視点で記録された戦時下中国の記録でもある。

同書のなかで済南日本尋常小学校尋常六年のOくんは「日本人に生れた有難さ」というタイトルの作文を寄せている。


この大陸へ一歩足を踏入れた僕の第一印象は、日本人に生れた有難さであった。そして僕は皇軍の威力を知ると倶に天皇陛下の御稜威の有難さをしみ〴〵と感じた。それと反対に、今まで蔣介石にいぢめられて居た、支那人がかはいさうになつた。

駅に着いた時でも、日本人と支那人が〔改札までの通路は：引用者注〕区別され、支那人の駅員達は、がや〳〵さわぐ支那人を足でけり、手でなぐり、そして持物を調べてゐるのを見て、ほんたうにかはいさうに思つた。そしてこのかはいさうな支那人を助けてやるのは、日本人より外にないとしみじみと感じた。

日本人は、証明書とキップを見ただけで、通して下さるのであつた。同じ人間に生れながら、日本人と支那人の区別、支那人の心中はどうであらう。きつと蔣介石をにくんでゐるであらう。(二〇四—二〇五ページ)

「日本人は、証明書とキップを見ただけで」通過することができる特権は、明らかに侵略者としての日本人が支配地域で受ける待遇にほかならない。

Oくんは彼の背後に「皇軍の威力」と「天皇陛下の御稜威」があることを皇国臣民として正しく自覚している。Oくんにとっては軍事力によって保障された特権を享受しうることが、「日本人に生れた有難さ」として感覚されていたわけだ。その高みから、「かはいさうな支那人を助けてやるのは、日本人より外にない」という、いわば帝国主義的博愛主義のようなまなざしを「かはいさうな支那人」に向けているのである。

Oくんはこの綴方を「僕達は天皇陛下の御稜威のもとに、しっかり勉強して、この東亜建設に、強い、そしてやさしい大和魂で、かはいさうな支那人を助けてやるのは僕達国民の義務である」と締めくくっている。

「支那人」が殴られたり蹴られたりするのを見て「かはいさう」と感じるのは、ある意味で自然な感情だ。しかし彼の少年らしい素朴な正義感は、大日本帝国の公式「日本スゴイ」イデオロギーだった「アジアの解放者」としての帝国日本の使命へと昇華されている。Oくんは「かはいさうな支那人」を目撃したことを契機として、他民族に対する優越性を基礎とした〈日本人としての使命〉

を、自らの任務としてしまったのだった。

小学生Oくんは、「日本スゴイ」言説が支配的な社会が生み出した一人の優等生にほかならない。日本の敗戦とともに、Oくんはどのように価値観が変わったのか。もしもご存命ならば、ぜひお話をうかがいたいものだ。

学校教師を「ミニ天皇」化する「日本的学級経営」

永井熙『週間単位 尋六の学級経営』（第一出版協会、一九三九年〈昭和十四年〉）

この本は教育書に強い第一出版協会が一九三八年（昭和十三年）からシリーズで出していた「学級経営」シリーズの一冊だ。「尋六」とは尋常小学校六年生のことで、現在の小学六年生にあたる。受け持ったクラス（学級）をどのように運営していくのかについて多くの教諭が頭を悩ませ、模範的な実践記録をまねようと血眼になるのは、今も昔も変わらないようだ。この本はそうした尋常小学校の先生向けの参考書で、書名にある「週間単位」とは、一年を一週間ごとに分けて週間達成目標を決め、そのなかに各種学校行事と授業計画を割り振っていくというシステムを指す。

一九三七年（昭和十二年）九月からすでに始まっていた「国民精神総動員運動」（精動）

に、学校の現場はガッチリと組み込まれていて、同運動の基本スローガンである「挙国一致」「尽忠報国」「堅忍持久」に沿うかたちで学校行事が計画されていたことがこの本の端々からうかがえる。精動との関連については別の機会に譲るとして、ここでは、日本主義教育と学級経営が結合した特異な教育理念についてみてみよう。

特異というには理由がある。冒頭の「学級」とは何かと定義するところから、著者はいささか暴走している。

我々は更に学級を日本的な意味に於て考へる必要があると思ふ。我が国は広遠なる理想を有し、大君を主体とする万民の協力一致して永遠に弥栄える国体であり家長を中心として祖先より受継ぎたる一家の繁栄を願ふ家族の集合である。（略）此の世界に完たる特色を学校、学級の経営にまで反映する所に真の日本的な教育が営まれる（略）学級を一つの家、一つの国と観ずる所に新しい意義が成立する。即ち学級は教師と云ふ家長を中心とする一家族であり。（略）家族全員が協力一致して学級の為に生活するのである。（一四ページ）

あーだめだ、こんな学校には絶対行きたくない。永井熙にとっては「学級」は「ミニ日本」であり、そのヒエラルキーの頂点に君臨する教師は家長＝天皇となるわけだ。生徒はこうした「ミニ国家」の臣民として位置づけられているからこそ「協力一致して学級の為に生活する」ことを要求されているのだが、「学級の為に生活する」といわれても、これでは何のために学校に行っているのかさっぱりわからない。

さらに永井は、「日本的な学級に於ては特に其の学級を支配する学級精神を重要視せねばならぬ」（一五ページ）と説く。これは明らかに「国民精神」を学級経営にアテハメたもの。永井はその「学級精神」によって、「学級の中心生命への統合」を到達目標として挙げている。いうまでもなくこの「中心生命」とは教師のことで、ここに生徒を「統合してゆく」らしい。日本国憲法第一条に「国民統合の象徴」という文言があるが、マジで天皇制と同じ構造を学級経営で再現しようとしていたわけである。

ありがたいお言葉

二月第三週　週訓育目標「自信を以て事に当る」

本週は日本人としての国家的信念を培ふと共に学習、身体、作業、行為等各自の生活過程を通して自力を涵養し、あくまで自己の力を信頼すると云ふ自信の念を強める事に努める。

本週の生活中「自信を以て事に当る」の最も関係深きものは学芸会である。

（略）学級全員揃って学級の力を信頼し、一丸となって此の行事に臨む、即ち教育勅語の億兆一心の実践をも併せて為す。（二四九ページ）

学芸会でも「日本人としての国家的信念」を培い、「教育勅語」の精神をもって臨む、とある。呆然としてしまうほかないが、「教育勅語」が学校の「ミニ天皇」＝教師の権威の源だったことがうかがえる。

学校は児童を日本的に鍛える道場である
野瀬寛顕『新日本の学校訓練』（厚生閣、一九三七年〔昭和十二年〕）

野瀬寛顕は成蹊学園の訓導（教諭）だったが、その後に教育雑誌の編集長などを歴任した教育ジャーナリストだ。戦争中は師弟ともに「皇国の道」を目指すという「師道」を看板に掲げてブイブイ言わせていた。野瀬は敗戦直後に小学館に入社、雑誌「教育技術」を創刊し、教育技術連盟を率いて戦後もこれまたブイブイ言わせていたという人物である。

この本では、「訓練」と「統制」をキーワードに、学習・奉仕・礼儀・団体行動など

学校生活のあらゆる場面を「訓練」として位置づけ、児童を「統制」していくことが目指されている。

野瀬によれば「学校は児童を日本的に鍛える道場である」。「日本的に鍛える」とはなかなかに不可解な概念だが、そのナゾを解くカギは野瀬がいうところの「学校の指導精神」にあった。彼によれば、「日本的に鍛える」こととは、「日本古来の家族制度の精神に求めて、学校を家庭化」することにあった。すなわち「校長を父とし、受持（＝担任：引用者注）を母とし学友を兄弟と考へさせて（略）一家を愛する如く学級、学校を愛せしめる様に経営するのである」と野瀬はいう。家族になぞらえられた学校は、絶対の権威者である家長＝校長のもとで整然と統制されるにいたる。その統制の第一の原理は「尊祖・敬神」である。要するに「天皇陛下を敬することはやがて、国と家との祖先の霊を慰めんとする理想を追ふことにもなるのである」。このように野瀬は結論づけるのだ。

この原理は、野瀬が日本的学校訓練の重要なポイントとして挙げる「奉仕訓練」にも貫かれる。彼がいう学校教育での「日本的奉仕」とは、「「かうすることがつまりは、陛下の御為になることであり、我が家代々の祖先の霊にも一致することである。」といふ精神的統制の原理をもつて、上に対し奉る自覚を持つことである」と定義している。

つまり「日本的に鍛える」「立派な日本人をつくる」の内実は、天皇を奉る家族国家の成員を学校で作り出すということにほかならない。この理念は身体の所作にかかわる領域にも貫かれていて、例えば「廊下歩行の訓練」なる節では、児童が廊下を走ったり騒いだりするのは「廊下とはどんなところかといふことについて明確な観念がないことに大きな原因があると思ふ。故に、この廊下のもつ意義を徹底的に打込んでおくことが何より肝要である」といった調子で全編が進んでいく。いちいち児童に打ち込まれる「明確な観念」のすべてに、「（食事の）日本的作法」「日本的自治訓練」「日本的学習態度」「日本的公民訓練」などと、とにかく「日本」という言葉がくっつけられているのである。こうなると「日本」もインフレぎみで、大幅に価値が下落しているわけだが、とにかく「日本」をふりまわす神がかり教育実践指南で同書はあふれているのだった。

ありがたいお言葉

日本教育の本質をなす日本の性格とは何か？（略）国全体が団体的精神によつて統制されてゐて、而も、そこには常に血族的団結心をもち、その団結の中心に位し給ふ天皇陛下に対し奉っては、君国一如の信念を抱き、所謂「忠君愛国」の精神をもつて、「きみ」は「君」であり「公」であると考へ、臣民は即ち「公民」即ち「おほみたから」であるといふ固い信念に生きてゐるのである。(一九四ページ)

奉仕訓練の内面的陶冶を施すには如何なる事に留意すべきか。(略)奉仕する心の生じて来る根源と考へられる「感謝の心」を養ふことである。(略)この場合、常に根柢となるべきものは「父母」と「天皇陛下」に対する感恩の精神を養成することである。(二〇一—二〇二ページ)

野瀬はここで「日本の性格」を規定してみせているのだが、「国全体が団体的精神によって統制され……」以下はすべて野瀬の脳内にしかない「日本」について書いているにすぎない。せいぜい「あったらいいなー」的願望の表明なのだが、こうした観念的被造物を「日本教育の本質」にしてしまう厚顔さには驚くべきものがある。

また、最近でもやたら使われる「奉仕する心」「感謝の心」のキモチワルさもよく伝わってくる。

掃除の時間になると、校長やおら壇上に立ち……

土方恵治『行の訓育』（モナス、一九三九年〈昭和十四年〉）

「本書は教育理論の書ではなく、教育戦線第一線に於ける血腥《なまぐさ》き現地報告の手記である」「本篇は自由主義、民主主義、唯物主義を打破し、皇運扶翼、億兆一心、没我顕真を三原理とする日本精神、皇道により、運転されつつある教育戦線の現地報告である」——冒頭から呆気にとられるくらい激しいアジテーションで、熱烈な神がかり右翼の日本主義宣言にしかみえない。もはや「教育」よりも皇国イデオロギーのほうが上位に位置づけられているわけで、著者である土方恵治がいう「教育戦線」なる見えない戦場が学校を侵食しているかのようだ。

この本のテーマである「行」とは、「霊肉一体の全身全霊を以て行ふ真剣なる自然即価値の作務を行といふ」と定義づける事が出来る。換言すれば頭と胸と手足とを肚に統一する訓練である」ということのようだ。日本主義思想にありがちな独特な身体観に基づいているとはいえ、何を言っているのかさっぱりわからないものである。とはいえ、児童がこの「肚」に収めるべき精神は「八紘一宇」だというのだからわかりやすい。あえてまとめれば、神仏礼拝や座禅などの「静的行」に対して、生活・仕事のいっさいを精神的な修行としておこなうのが「生活行」であり、学校はこの「生活行」を訓育するところだというのが、土方の主張だった。

土方は一九三〇年（昭和五年）に神奈川師範学校（現在の横浜国立大学教育学部の前身）を卒業したのち、神奈川県師範学校付属小学校の訓導を務めていた。その彼に大きな影響を与えたのが、川崎市向丘小学校で「行の生活教育」を提唱し、学校をすさまじい統制のもとに置いていた碓井正平校長の実践だった。

『行の訓育』は、その向丘小学校での「生活行」教育の実例を紹介することにほとんどが充てられている。この「行の生活教育」はすさまじいものだった。例えば「掃除」。教室の掃除を始める前には必ずこんな儀式が……。

校長やをら壇上に立ち玄関正面に奉祀せる皇祖神に誓願をなす。校長が正面をむくと全師児（先生と児童：引用者注）は直ちに合掌の姿勢をとる「天も落ち、地もさけよ」とばかりに校長は全身全霊丹田より発声する。「誓願　大君の聖域を掃除させていたゞきますことを、ありがたく感謝いたします。私共は終始一貫まごころを以てやりとほしますことを誓ひます」（一一四ページ）

もはや現代の某居酒屋で聞こえてくる挨拶「喜んで！」どころじゃないですよ。この本五百ページあまりの大部分が、こうした神がかり的な教育実践の紹介に充てられている。通読すると、日本人として魂のステージが上がりそうなスゴイ本である。

ありがたいお言葉

——八紘一宇の肚に常住する——

右の根本指導原理は八紘一宇の肚に常住するものでなければならぬ。

1　今（時）の絶対具体性に立脚して過去将来無始無終に続き結ぶ我の心境態度に於て一切の生活行を行ずること。

2　茲（場所）の絶対具体性に立脚して東西南北四方上下八紘一宇全世界に続き結ぶ我の心境態度に於て一切の生活行を行ずること。

3　一切万事の生活を中心に帰一し、億兆一心、没我顕真、以て皇運扶翼の大業を完成する作務たらしめること。

一言にしていへば歴史性と世界性の交点に立って皇運扶翼の大業を肚で行ずることである。（一六—一七ページ）

もはや常人には理解不可能な域に達しているといわざるをえない。危ない人の独り言といえばそれまでなのだが、これが学校の先生なのだから「日本スゴイ」といわざるをえない。

小学生の裸乾布摩擦に目を細める文部省視学官
草場弘『皇民錬成の哲理』（第一出版協会、一九四〇年〔昭和十五年〕）

文部省教学練成所錬成官だった草場弘は、教育行政に大きな影響力をもっていた。理論的指導者の一人として、戦時下の日本教育を語るうえでは欠かせない人物だ。彼の著作は数多いが、一九四〇年（昭和十五年）に刊行されたこの本は、国民学校成立にいたる戦時教育体制構築を準備した書として多くの論者に繰り返し参照されている。四百五十ページに及ぶ同書は、「興亜の大業」「皇民錬成の教育方向」「皇民錬成の原理」といった草場が折に触れ書いたり講演したりした神がかり的「皇民錬成」論と、練成官としてさまざまな地方の学校を訪れた見聞録が収められている。

教育論のほうは、「日本精神」「国体」というおなじみの文字列をこれでもかとばかりに組み合わせて、よくもここまで大量の文字が書けるものだという感慨を覚えるが、所詮は草場による「ぼくがかんがえたさいきょうの日本教育」にほかならない。特に学校訪問記コーナーは、当時の尋常・高等小学校のなかでも飛び抜けて神がかっているところを草場がチョイスしているので、人間精神の暗黒面について考えるうえでは草場の教育論以上に有益だろう。

静岡県浜名郡大久保小学校は有名な神がかり教育実践校で、なかでも特筆すべきは「女先生以外、全員参加の裸乾布摩擦」だった。二時間目の「国史」の授業が終わると、先生と生徒がやおら服を脱ぎ始めるという、驚くべき光景を草場は目にする。

「中村校長も脱衣して褌一つ。中村訓導は肉つきのよい体に血色も桜色に、白の褌が映える」——このあたりは、ガチムチ系白ふんどしマニアへのサービスカットですね。

「脱衣される二先生の洋服を二人の女児が来て、綺麗に折りたたむ。何といふ床しい情景」（三〇二ページ）——先生は衣服をだらしなく脱ぎっぱなし、家で女房にさせていることを生徒にもさせるという、ひどいありさまである。ふとあたりを見回すと「男女全部が裸ヅロース腹巻一つになる。（略）教室一杯に若さが横溢する。心持ちふくらんだ女児の胸、しまり行く男児の腰」（同）——

これはいまならアウトなまなざしだろう。鳥肌が立つキモチワルさである。ここから乾布摩擦が始まるのだが、なんということか、校長先生の周りを裸の女児が取り巻き「足、背、腕をこするこする」！　うっわーな光景だが、これを見た草場は「おお、何たる美しい情景ぞ。師弟一如！　弟師一体！　私の眼は一杯になる」と大喜びするのである。草場の文章からは、涙目になるほど猛り立つ自らの思いを抑えきれない様子が見事に伝わってくるのである。

ありがたいお言葉

日本は今や人類の歴史始まつて以来未だ嘗てなかつた戦を戦つてゐる。領土的野心もなく経済的私欲もなく、只支那一部の抗日侮日の精神的膺懲の為に、その道義的反省を求めて戦を闘つてゐる。東西の歴史の何処にかくの如き教育的、精神的、而して道義的の戦を闘つた者があらうか。（三ページ）

草場の脳内にある日中戦争とはこのようなものだった。彼がいう「教育的」「道義的」なるものの内実がよくわかる一文である。

聖戦を担う皇国女子を育成せよ！

下村寿一『聖戦完遂と女子教育』（日本経国社、一九四四年〈昭和十九年〉）

国民学校高等科（いまの中学校に相当）から中等学校・青年学校（いずれも十二歳から十六歳が通う）の女子生徒を、「大東亜戦争」を銃後で担う〈皇国女子〉へといかにして育成するのか――なかなか興味深いテーマではある。しかし著者の下村寿一が文部省官僚あがりで、東京女子高等師範学校（現在のお茶の水女子大学の前身）校長というエライ人だったために、書いてあるのは抽象的なスローガンばかりで、いまひとつ具体的な話が出てこないという残念な一冊である。

「教育ニ関スル戦時非常措置方策」や「学徒戦時動員体制確立要綱」といった、閣議決定の方針や文部省の通牒が各章冒頭に置かれ、その省令・訓令を解釈していくという形式で書いてあるのだが、きわめて退屈な議論に終始している。

とはいえ、このスローガンの羅列だけでも、かなり強烈なものがある。例えば「女子中等学校」の戦時の再編を述べた章では――。

女子教育の特質として最も力が注がれたのは「母性教育の徹底」である。皇国の母としての錬成である。(略)母たるべき者の実学修練である。(略)一つは皇国の母たるべき者の心構、即ち母魂の錬成であり、他は皇国の母たるべき者の実務技術、中にも育児・保健・教育等の家政実務の修練である。(一五五ページ)

皇国女性にふさわしい母性をスローガン化して「母魂」という新造語まで作っているあたり、なんでもタマシイに仕立ててしまう神がかり戦争ぶりを強く感じさせる。これは「はは・だましい」なのか「ぼ・こん」なのか、ルビがふられていないので読み方もナゾである。

この「母魂」養成のために何をするのかといえば「日本の家の本義に徹せしめ、母性の国家的使命を具体的にわきまへさせることが基調となる」と下村はいうのだが、「具体的に」と言っておきながらその内容に乏しく、これだけでは何のことやらさっぱりわからない。

下村の主張を要約すると、①修身の授業ではあくまでも「女子の修身」として特別に、「家と家政の国家性を徹底的に会得せしめ」るとある。さらに②家政科の授業では「皇国家政の本義を徹底せしめ、皇国家政観の会得に努める」とある。家政科の授業にも「皇国」の冠をつけて、何か意味ありげにみせている感がある。ここでいう「家」とは、家長を頂点とする家父長制のピラミッドのことで、日本国体もまた万世一系の天皇を頂点とする「家族国家」とされていた。この家長＝夫に徹底的に仕えることが、皇国女性の美徳＝皇国婦道とされたわけである。

ありがたいお言葉

女子教育の具体的な目標の第一は、「至誠尽忠の精神」をめざす精神訓練である。男女を問はず、忠は臣民第一の道である。十七条憲法にいはゆる「背私向公」の心、一身一家を後にして君国の御ために尽くす心掛こそ、皇国女子たる者の身にすべき第一のものでなければならぬ。（略）たゞ一途に、戦ふ皇国女子の責務と職分とに生き、まごころを尽くして日々の「つとめ」にいそしむのが、すべてこれ至誠尽忠の道にほかならない。（一五〇―一五一ページ）

ここでいわれている「至誠尽忠の精神」とは戦場などで発揮されるものだけではなく、「工場・農地における誠実なる勤労」「家政における倦むことなき働き」「日常生活の一挙一動」などことごとくこの精神が貫かれなければならないと下村は付け加えている。これは同時に「皇国女子の責務と職分」という性別役割分業の内容を指してもいるのだが、いずれも平たく言うとそれぞれの現場で〈がっつり働け〉

ということのようだ。他人をこき使いたい者にとっては「至誠尽忠の精神」はたいへん便利な言葉だと感嘆する次第。

日本が世界の中心でなければならない！

鈴木源輔『戦時国民教育の実践』（帝教書房、一九四二年〈昭和十七年〉）

千葉県山武郡東金町（現在の東金市）にあった「東金国民学校」は、「皇道実践」「皇民錬成」を合言葉に徹底した軍隊式教育で学校づくりをおこなったことで有名になり、国民学校と名前を変える前の一九三九年（昭和十四年）の段階で、神国日本のモデル教育校として年間三千人あまりの見学者を集めるにいたった。前述の草場弘『皇民錬成の哲理』にも、大久保小学校とともにこの学校の見学記が登場している。東金国民学校で実施されていたことで度肝を抜かれるのが、全教室に設置された〈神棚〉で、神棚礼拝ののち祝詞奏上、教育勅語奉読、学級実践綱領唱和……という儀式が毎朝とりおこなわれていたのだった。このすさまじい神がかり学校を作り上げたのが、鈴木源輔校長である。

この鈴木校長が自らの教育実践の精神的主柱である熱烈な皇国主義・天皇主義を、自

写真2　1939年（昭和14年）6月、大阪市（当時）の小学校校長90人が奥津部隊（歩兵第8連隊）で「隊務実習講習」を受けたことを報じる「写真週報」の記事。その目的は「前線兵士の労苦を偲びつつ軍隊教育を身を以て体験し、小学校教育の刷新」をはかるということだった
（出典：「写真週報」第74号、内閣情報部、1939年）

画自賛を全面的に交えて開陳したのがこの本。全ページにわたって愛国レベルの針が振り切れていて、日本精神史をたどるうえで欠かすことができない文献といえるだろう。

冒頭から、「世界方位の中心はどこにすべきか」と国民学校の先生に問いかけても答えられない者が多い、これで国民教育ができるのか！　世界の中心は日本、それも宮城だろ！――という不可解な説教で始まるのだが、どうして日本が世界の中心なのかという理由は「わが国民の信念からすれば、日本が世界の中心でなければならない」。えっ？、それって理由にないなってないですよねー的な、ワケのわからなさである。

この鈴木校長が自らの激情の赴くままにやり放題やった結果たどり着いたのが、「わが校に於ては校長は学校教育師団長で、教頭は参謀長、初等科高等科は各々初等科旅団、高等科旅団、（略）学級は小隊」という、児童の軍隊的組織化であり、「学校へ入学するといふことは入営と同じである」というすさまじい教育理論だった。

鈴木校長によれば「決戦体制下の学級経営」は、男女児童を「学級小隊」に所属する神国日本の兵士として訓育することに重点が置かれることになる。「学級経営」章のトップには「敬神」が位置づけられ、教室の神棚に毎朝どのように奉仕させるのかがマニアックに語られている。こうした「神前行」儀式を通して、「敬神崇祖」「軍紀」「攻撃的精神」「必勝の信念」を児童に涵養するのだそうだ。嗚呼。

それにしても、自らを「学校教育師団長」として位置づけふんぞり返る鈴木校長……。「教育」に名を借りて、自分が王様になれる小王国を作ることができるなんて、やっぱり「日本スゴイ」！

ありがたいお言葉

全面的に遊びそのものを日本的にするといふことが肝要である。日本的にするといふことは、皇国道に結びつけた遊び、皇国の道を発展させるための遊びに結びつけることである。（略）子供の遊びが皇国道に合致するならば、遊び以外の学校生活は、すでに皇国の道に合致してゐるのであるから、子供の生活の大部分が、皇国道に合致することになるからである。（略）〔子供の遊びから：引用者注〕個人主義的自由主義的傾向の強いものを、除去するといふことが大切である。（略）ガラス玉の取合遊び、面子《メンコ》とり遊び、賞品を目的とした個人競争、鬼ふやし遊び（鬼が人をつかまへて鬼にするのは、悪が善をつかまへて悪にするので非人道的である）、盗人ごっこ等がこれである。（一三三ページ）

子どもの遊びにまで皇国道が貫かれなければならないとは誠に偏執狂的な主張で、校長先生のアタマは大丈夫？と不安になってしまうほどだ。さらに「個人主義的自由主義的傾向の強い」遊びを判断する基準も独特で、「鬼ふやし遊び（鬼が人をつかまへて鬼にするのは、悪が善をつかまへて悪にするので非人道的である）」にいたっては日本主義教育論の金字塔ともいえる珍論である。

宇宙的スケールをもった「皇国教育」がスゴイ！

和歌山県女子師範学校附属小学校編『皇道日本教育の建現』（四海書房、一九三五年〈昭和十年〉）

和歌山県女子師範学校は現在の和歌山大学教育学部の前身となった学校の一つだ。この師範学校付属小学校主事・福岡高の「序」によれば、学校設置の理念が「皇国教育」というのだからおっかない。しかもこの学校では皇国教育研究協議会の授業参観（＝研究授業）をおこなっていた記録が残っているので、「皇国教育」の教育運動も存在していたことがうかがえる。

この本は、「皇国教育」の理念を「日本教育の根本原理」たらしめるべく、この小学校のたいへん熱心な愛国先生たちが健筆をふるって詳説したものだ。その結果、全三百七十四ページのうちの実に百六十二ページを、「皇道日本教育」の原理や本質の説明に費やしている。トンデモ本にありがちなよくわからない図解などが挿入されていて、読者の理解などおかまいなしに妄想的体系を書き連ねる、「考えるな、感じろ」方式の叙述には神国日本スゴイ！感をたっぷり楽しむことができる。

いくら図解を眺めてもさっぱり意味がわからないところに、図解を作成した人物の熱烈な主観主義が表れていてむしろほほ笑ましいほどだ。おのれの情念の赴くままに自動書記した感がある、シュールなものになっている。

　この調子で書き綴られているとはいえ、妄想には妄想の体系《システム》があるようで、それなりの原理から議論は展開されているようだ。「第二篇　原理編」に「皇道日本教育の理想」という章を設けているのだが、「国民」としての自我意識とは「宇宙我」であるという定義から始めていて卒倒必至だ。本文の展開は「第一に宇宙とは何ぞや」から始まっていて、横丁の自称「発明家」が自費出版で出した自作永久機関の解説本のような香りが濃厚である。

　しかも、ここでいわれている「宇宙」とは「近代科学者の脳裡にひらめく天文学的宇宙でもなければ生物学、物理学の対象たる自然科学的宇宙を指すのではない。（略）其れは神と人と自然を包含する宇宙」だというのだから開いた口が塞がらない。私たちがいるこの宇宙とは別の「宇宙」から届いたメッセージなのかもしれない。

唱歌科〔音楽の授業：引用者注〕の本質及使命
イ　日本精神の溢れた曲をきゝ、或は歌ふ事によつて、自己の中にある日本魂を培ひ、更に高次の日本精神に迄発展されるものである。
ロ　道徳教育の最も根本的のものは感情の純化といふ事であらう。（略）その点音楽は感情を純化する力の非常に強いものであつて、音楽教育の徹底こそ道徳教育の原動力を培ふものである。
ハ　音楽を唱奏するものは自らそこに「和」の精神の表れるものである。我国民の美しき和の精神は音楽によつて自然の中に育まれてゆくものである。（三四三―三四四ページ）

「皇国教育」体系では、修身・国語・国史はもちろん、算術・地理・理科・唱歌・体操・家事・裁縫などすべての教科で「日本精神」を徹底的に教育することが組み込まれていた。同書では、全教科がいかに「皇国教育」を施すのかについての強引なガイドラインが書いてあり、通読すると暗澹たる気分になることができる。

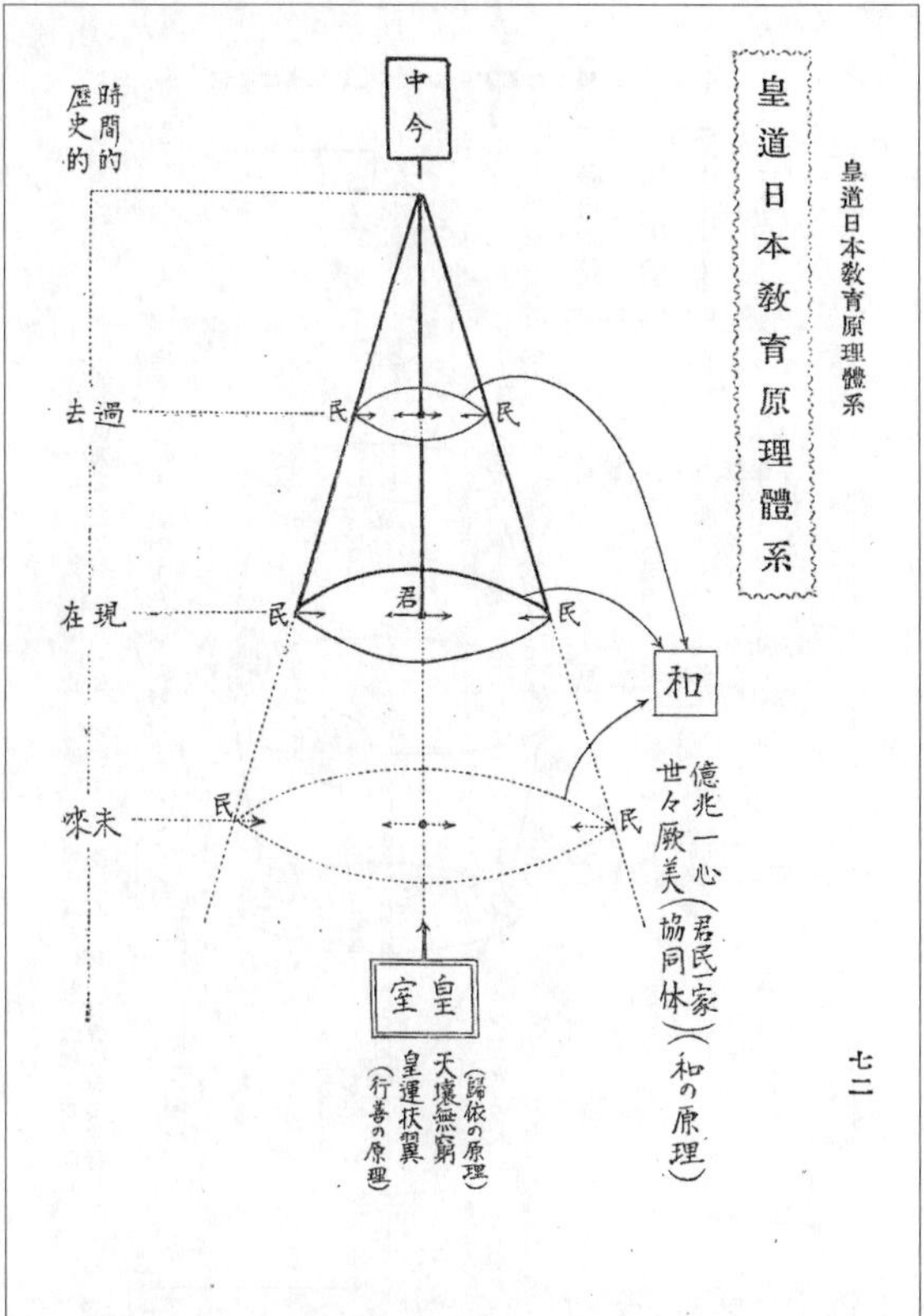

図２　「皇道日本教育原理体系」の図。過去－現在－未来にわたる「君民一家協同体」の発展を図式化しようとしたものだと思われる
（出典：和歌山県女子師範学校附属小学校編『皇道日本教育の建現』四海書房、1935年、72ページ）

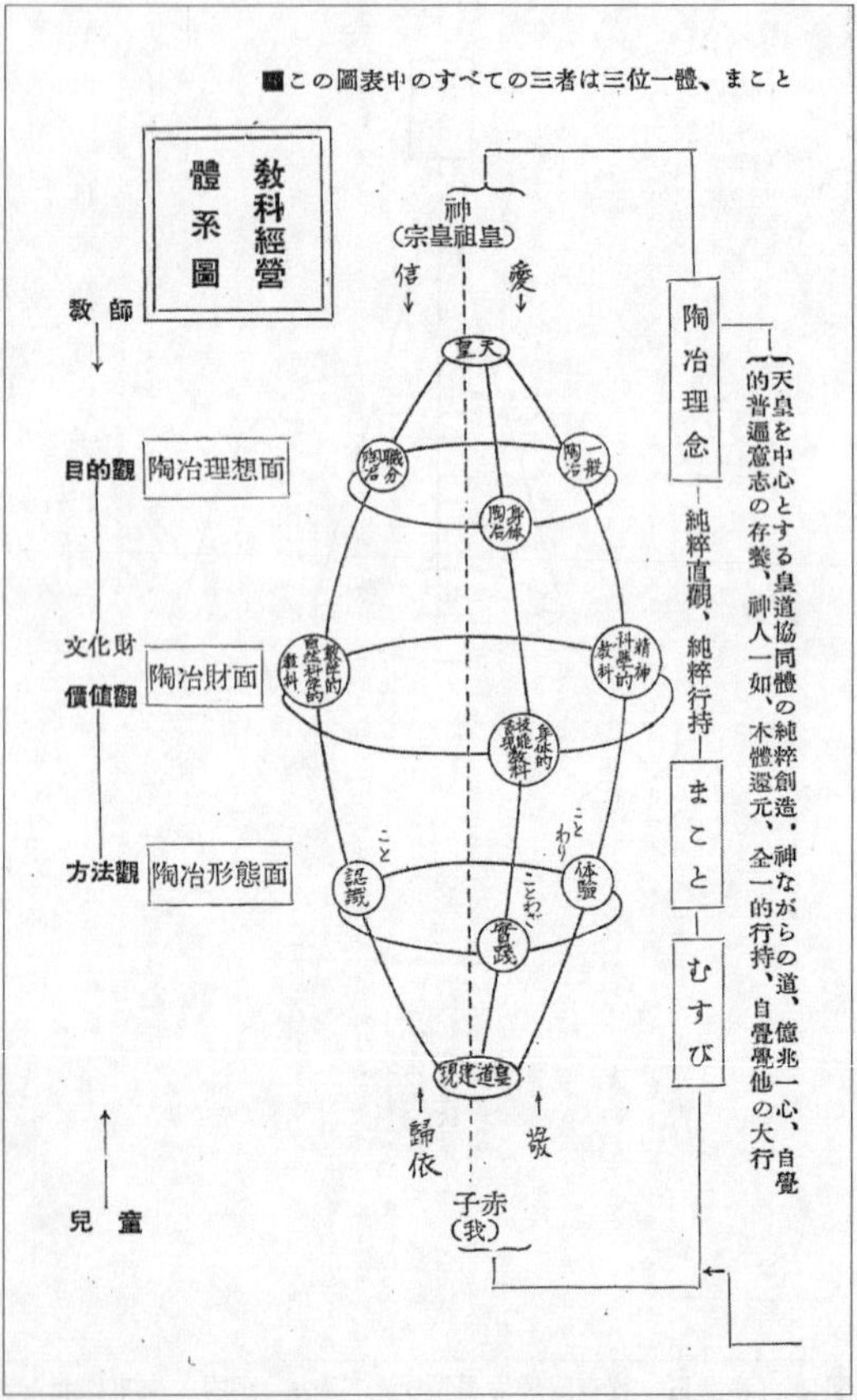

図３　「教科経営体系図」。神－赤子（我）を軸にした陶冶の体系を表現しようとしている……というところからして、すでに焦げ臭い香りが立ち上っている（出典：同書177ページ）

護国の英霊をつくるための「師魂」

竹下直之『師魂と士魂』（聖紀書房、一九四三年〔昭和十八年〕）

著者の竹下直之は、一九三九年（昭和十四年）から文部省図書監修官となり、第五期国定教科書『ヨイコドモ』（文部省編、一九四一年）、『初等科修身』（文部省編、一九四二―四三年）など、国民学校期（一九四一年以降）の教科書編纂に携わった人物だ。

この本のタイトルになっている「師魂」とは、教師の魂という意味で、もう一方の「士魂」とはいうまでもなく武士の魂を指す。この「師魂」という言葉は「大東亜戦争」期に教育界で流行したらしく、山中恒『撃チテシ止マム――ボクラ少国民第三部』（辺境社、一九七七年）によれば、「師魂」と題する教育現場探訪ルポが「読売報知新聞」に十三回にわたって連載されたという。

著者の竹下は巻頭から、師魂は士魂でなければならないと熱く主張するのだが、その両者はどのようにつながっているのだろうか。

竹下によれば、「皇祖皇宗を肇め給うの御精神を奉体して、皇運を扶翼し奉る」ことにこそ「臣民の道」があり、その「臣民の道を実践するに当っての確乎不動の信念と、また強靭無比な実行力とを育て上げていく」ことが、日本の教育者の任務だという。

「臣民の道」を理解させることではなく、「臣民の道」を実践する人間を育てる――としているところがミソなわけだ。

そのうえで竹下は、

> 師たるものの魂、師魂はすなはち士たるものの魂、士魂に相通ずるものでなければならぬ（略）まさにガダルカナルの転進について深く思ひを致すべきの時である。一万六千有余柱といふ将兵の英霊を弔うて、引続く忠誠勇武な士をまもり育てることこそ、われらの聖戦である。（八―九ページ）

と宣言する。さらに竹下はこのあと数ページを費やして楠木正成の「七生報国」の精神を解説し、「国のために死する」ことの意義を延々と述べ、「われらは護国の英霊となることによって、初めて公の立場に立つのである」と大見えを切るのだった。

「死生を達観した武士の心境、徹底した自己献身の根本精神、更に加ふるにそれにのみ拠って立つところの徹底した責任感と自己信頼」が、古来からの武士の精神だと竹下は論じるのだが、もちろんここで想定されている「士《さむらい》」の魂とは、実は新渡戸稲造『武士道』によって発見された想像的なものにほかならない。すでに滅亡した武士階級だけでなく、農民・漁民・都市労働者などもろもろの階級すべてをひっくるめた「日本人」の精神として――さらにいえば「忠臣」こそが、教師が自らのものとすべき道徳規範として称揚されているのだ。そしてその「徹底した自己献身」を基調とする武士道幻想は、いまだに日本に（ブラック企業から「保守」系文化人にいたるまで）脈々と息づいているのである。

　ともあれ竹下の考えでは、教師が授ける「臣民の道」とは、イコール「護国の英霊」として死になさいという教えにほかならない。これはなにも竹下が個人的に抱いたトンデモ思想なのではなく、彼が国定教科書の編纂者だったことからも明らかなように、文部省による公式の教育イデオロギーだった。教室で「よりよく死ぬ」ことを教えていた日本はやはり絶望的にスゴイ！……。

ありがたいお言葉

「世界の人々を正しくみちびく」といふこと、また正しいことのおこなはれるやうにするのが、日本人のつとめであります。《（ママ）》」といふことは、容易に推測できるやうに、八紘為宇の世界観とつながりを持つた表現である。大東亜戦争の根本的な意義については宣戦の詔書のうちに昭示あらせられるところであつて、大東亜共栄圏の確立、世界新秩序の建設を意味するものと看做すべき今次の大東亜戦争は、即ち、八紘為宇の世界観と結んででなければ理会し得られないものである。「日本の子ども」といふこの教材は、実にそのことの理会を根本に於いて求めてゐる。（一五八ページ）

引用は、竹下直之が第五期国定教科書『初等科修身一』第三課に編纂した『日本の子ども』という題材について、教師の心構えを書いている個所である。教科書の『日本のこども』冒頭は次のように始まっている。

世界に、国はたくさんありますが、神様の御ちすぢをおうけになった天皇陛下が、おをさめになり、かぎりなくさかえて行く国は、日本のほかにはありません。いま日本は、遠い昔、神様が国をおはじめになった時の大きなみ心にしたがって、世界の人々を正しくみちびかうとしてゐます。

竹下が言うように、この教材こそ「大東亜戦争」の理念を子どもに教え込むために用意されたものだった。日本は「世界の人びとを正しくみちびく」ことができる

――というところに、神の血筋を引いた天皇を戴く日本の世界に対する優越性が表現されている。

この優越性は、そうであるからこそ世界に正義をもたらす日本人の使命として表現される。

正しいことのおこなはれるやうにするのが、日本人のつとめであります。私たちは、神様のみをしへにしたがって、世界の人人がしあはせになるやうに、しなければなりません。(略)

私たちは、日本のやうにすぐれた国に生まれたことをよくわきまへて、心をりっぱにみがかなければなりません。さうして、からだをぢゃうぶにし、強いたくましい日本国民になって、お国のためにはたらくことができるやうに、しっかりべんきゃうすることがたいせつです。

文部省編纂の国定教科書に「私たちは、神様のみをしへにしたがって、世界の人人がしあはせになるやうに、しなければなりません」とあるって、どんだけ宗教国家なんだよ!と驚嘆せざるをえない。言うまでもなく「正しいこと」も「しあはせ」も、神国・日本が勝手に決めたものであって、よその国の人にとってはたいへんな迷惑行為なのであった。

日本の少国民は、世界でいちばん知能がよいのですよ

葉山英二『日本人はどれだけ鍛へられるか』(新潮社、一九四三年〈昭和十八年〉)

山本有三が一九三五年から三八年(昭和十年から十三年)にかけて編纂した新潮社の「日本少国民文庫」全十六巻のシリーズは、満洲事変と日中戦争の間に「今日の少年少女こそ次の時代を背負うべき大切な人たちである。この人々にこそ、まだ希望はある。だから、この人々には、偏狭な国粋主義や反動的な思想を越えた、自由で豊かな文化のあることを、なんとかしてつたえておかねばならない」(吉野源三郎「作品について」『君たちはどう生きるか』〈岩波文庫〉、岩波書店、一九八二年)という思いを込めて世に送り出されたものだった。

だが「大東亜戦争」勃発という時局を受けて、自由主義と社会科学の香り高い「日本少国民文庫」シリーズは解体・再編される。一九四二年(昭和十七年)から刊行された「改訂日本少国民文庫」には、オリジナルの「少国民文庫」からはいくつかのタイトル

は残ったとはいえ、「大東亜戦争」を正当化するように加筆・修正がおこなわれただけでなく、やがて「大東亜を指導する」少国民にふさわしいものへとシリーズ構成全体の改編がおこなわれ、三冊が入れ替えられた（吉野源三郎『君たちはどう生きるか』はこの改編で削られた）。このときに盛り込まれた一冊が、葉山英二『日本人はどれだけ鍛へられるか』だった。

この本の著者、葉山英二は「第八陸軍航空技術研究所航空医学統計研究主任」と同書の奥付にはある。帯には「陸軍航空本部推薦図書」と仰々しく謳われてもいた。

中学生の双子の兄弟を主人公にしたこの話のあらすじは、陸軍少年飛行兵になった先輩や、陸軍嘱託で遺伝学者のおじさんが、精神と肉体を鍛えればお国のために役立つ人間になれると主人公に教えるというもの。作者が自らを仮託したと思われる「おじさん」は、日本人は体格が小さいことを気に病んではならない、鍛えればいくらでも強くなれるのだと、あの手この手で主人公のコンプレックスの克服を説き、少年飛行兵への道へと誘う。さらに「陸軍少年飛行兵になった春山君」の日記が挿入され、少年飛行兵の肉体的・精神的な鍛錬生活の意義が語られる——という構成になっている。

この「おじさん」の教えがスゴイもので、「日本人は建国三千年のおほむかしから、よい知能を子孫に遺伝してゐる、といふ事がわかりますね。日本の少国民は、世界でいちばん知能がよいのですよ」——こんなあやしい遺伝学が、同書のいたるところにちり

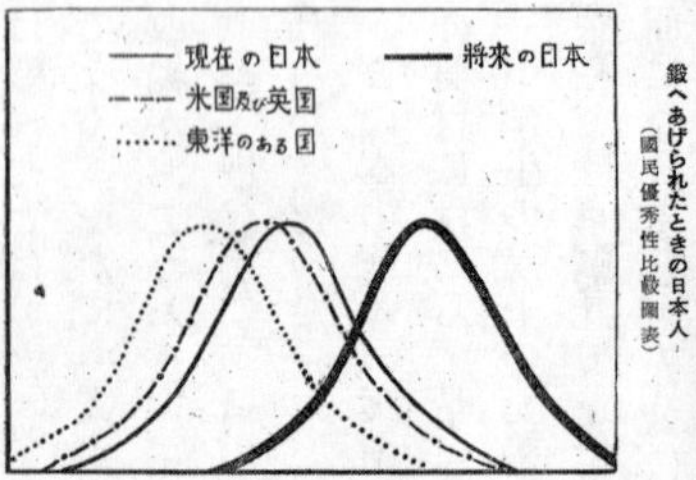

図4　「国民優秀性比較図表」。ヨコ軸が時間を表している……らしい。本書登場人物「静子さん」が将来の日本人はこうなるのよ、と展開したナゾの予想図だが、こんなグラフ、何の意味があるのか
（出典：葉山英二『日本人はどれだけ鍛へられるか』新潮社、1943年）

ばめられているのだからたまったものではない。「鍛へあげられたときの日本人（国民優秀性比較図表）」なる何の数値で比較しているのかわからない謎のグラフまで繰り出して、「日本人の優秀性」を謳い上げているのである。

こうした鍛錬の目的は、いうまでもなく「大東亜の指導者としての、りっぱな日本人」を作り出すためのものだ。「やればできる！」という軍国コーチングにほだされるのも、現在の「日本人スゴイ」本に気持ちよくなってしまうのも、恣意的に誘導された勘違いという点では似たようなものなのだろう。遺伝学と統計学にナショナリズムが結合した奇怪な読み物は、いまも新たに刊行され続けているのである。

ありがたいお言葉

秀一君たちの組み《(ママ)》では、第二時限から三時限にわたつて、体力の試験がおこなはれました。けふは手榴弾投げと、懸垂の二種目が試験されるのです。試験が始まる前に、先生は生徒を集めて、訓示をあたへました。

「これから手榴弾投げと懸垂の試験をします。手榴弾投げは、戦場においての塹壕戦や市街戦など、敵と近接しての戦闘にたいへん必要なものです。であるから、手榴弾はたゞ投げるといふことでなく、投げるたまに精神を打ちこまなければならない。精神を打ちこんで、力のおよぶかぎり遠く、そして、ある目標に向かつて、まつすぐに投げなければなりません。……（一〇四ページ）

「手榴弾投げ」は、一九三九年（昭和十四年）に制定された厚生省制定体力章検定にある検定項目だった。現行の新体力テスト（文部科学省）の項目では「ハンドボール投げ」が対応しているだろうか。

修学旅行で「神国日本」を実感

関西急行鉄道パンフレット「参宮の栞」(一九四二年〔昭和十七年〕四月)

大東亜戦争! こう言っただけでもう私達の心は躍ります。昭和十六年十二月八日、私達は畏くも宣戦の大詔を拝しました。同時にあの布哇《ハワイ》に於ける奇襲大戦果に躍り上がつて万歳を絶叫しました。それから今日まで私達はもう何十回この感激の万歳を繰り返した事でせう。

相当にテンションが高いこの文章は、関西急行鉄道〔現在の近畿日本鉄道(近鉄)の前身〕作成の修学旅行向けパンフレット「参宮の栞」の冒頭部分だ。一九四四年(昭和十九年)十二月発行の東亜交通公社時刻表を見ると、関西急行鉄道は鶴橋―宇治山田間を二時間三十八分で結んでいた。伊勢神宮・橿原神宮・熱田神宮など大日本帝国の「聖地」への参詣は、戦時下といえども当局からも積極的に奨励されていたため、三神宮を沿線に抱えた同社はかなりの収益を上げたという。

今も昔も京阪神の小学生にとって伊勢・鳥羽というのは修学旅行の大定番である。決戦下の国民学校ではなおさらのことで、やはりその目的は「皆さんが今日お伊勢まゐりに行かれるのも天照大御神様の御神徳を仰ぎ、よき日本人としての精神を養ひ培って将来お国に役立つ立派な人物となる為めです。まじめに心からの参拝をしませう」と、ご丁寧にも関西急行鉄道の人が書いてくれている。

この「参宮の栞」は観光パンフレットの体裁で、伊勢神宮はもちろん、生駒山、信貴山、赤目四十八滝など、アニメ「サザエさん」のオープニングに出てくるような有名スポットが挙げられていた。

例えば伊勢神宮の内宮の案内文には、

わが大日本帝国をしろしめし給ふ万世一系の天皇の御先祖、天照皇大御神をお祀りしてあるお社で、三種の神器のうちの八咫御鏡をその御霊代《みたましろ》として奉安してある事は皆さん既に御存じでせう。このお社の尊さは申すも畏れ多い極みでありまして

（略）

うんぬんとあり、「申すも畏れ多い極み」という、「なにごとのおはしますかは知らねどもかたじけなさに涙こぼるる」的な恐懼《きょうく》感激する身振りが、修学旅行の子どもたちに「日本スゴイ」感を与えていたのだろう。

受験で試される愛国心

「受験と学生」調査部編『学生受験年鑑 昭和十七年版』（研究社、一九四二年〈昭和十七年〉）

「大東亜戦争」のまっただなかでも受験戦争は苛烈を極め、用紙不足という時勢にあっても前年度各級学校の入試問題を集めた、いわゆる「過去問」の参考書が出版されていた。

一九四二年（昭和十七年）に老舗出版社である研究社が出した『学生受験年鑑 昭和十七年版』から、当時の入試問題の「日本スゴイ」ぶりを鑑賞してみよう。

【官立高等学校（旧制）和文英訳】

「今次の戦争に依って与へられた幾多の教訓の一つは、真に貴いのは金銭や物資ではなくて精神であるといふことである」

このころは緒戦の連戦連勝に沸いていた時期なのだが、開戦四カ月でもう「今次の戦争の教訓」を引き出しているのは気が早すぎではないか。おまけに、この和文が結局のところ「精神」主義が答えという目も当てられない内容なのであった。そもそもこのご託宣を英訳して、欧米人に見せたところで意味として通用するのか、きわめて疑問だ。

【東京商科大学予科（現在の一橋大学）作文】
文題「大東亜共栄圏の若き友に与ふ」（六百字以内）

さすが一橋大学の前身だけあって、いまと同じく「グローバルな視野」をもった人材を求めていたわけですね。

【宮崎高等農林学校（現在の宮崎大学の構成母体）作文】
文題「大東亜の指導者としての覚悟」

さすが天孫降臨の聖地・宮崎にある学校は「グローバルな視野」をもった人材を……（以下、略）。

【山口高等商業学校（現在の山口大学経済学部の構成母体）英作文】
「日本人は単なる模倣の民族と屢〻言はれて来た。しかしさういふ考へ方は現在大いに改められてゐる。実際我々は日本民族ほど創造の才に恵まれたものはないと断定してよいと思ふのである」

「猿マネばかりする日本人」という劣等感が裏返ると、「日本民族ほど創造の才に恵まれたものはない」となってしまうのか。このようにいきなり断定してしまうのは、一般に「逆ギレ」と呼ばれている開き直りの態度とよく似ている。

【長崎高等商業学校（現在の長崎大学経済学部の前身）和文英訳】

「戦争が五年も続きながら、余り大して困ってもゐない日本の食糧の豊富なのには、外国人は驚き、羨しがってゐるさうである」

一九四二年度（昭和十七年度）の入学試験なので、ここで指しているのは日中戦争が全面化して以降の五年間のこと。すでに早くから砂糖は配給制（一九三九年〔昭和十四年〕）になり、白米も六大都市では四一年四月から、全国では同年十二月から米穀通帳による配給制が施行、ほかに味噌・醬油も配給制になっていた。にもかかわらず「大して困ってもゐない」と書けるのは、烈々たる愛国心のためか。四二年以降の食糧事情を知る私たちからすると、戦争をやっているのに食糧豊富な「日本スゴイ」で外国人もビックリ……という一文には、虚しいものを感じる。

【大分高等商業学校（現在の大分大学経済学部の前身）和文英訳】

（1）十二月八日亜米利加合衆国太平洋艦隊所属の戦闘艦五隻は日本海軍の為に撃沈せられ、三隻は大損害を蒙り、一隻も亦若干の損害を受けた。これで同艦隊の主力は全滅した。

（2）戦争の勝敗は武器や物資の多少によって決せらるるものでは無い。国民の精神力如何による事が頗る大である。

（1）はニュース英語の範疇とはいえ、（2）の英訳はちょっと難しい。近代戦争にも勝利する「国民の精神力」という概念を英語のネイティブに伝えるには、単に語学の知識だけではムリな感じを受ける。

【小樽高等商業学校（現在の小樽商科大学の構成母体）国語及び漢文】

次の文中、片仮名の部分を漢字にて、其の下にある括弧内に記入せよ。

「大東亜戦争は東亜に於ける資源を米英多年のサクシュ（　）のキハン（　）より解放して、東亜の自主的共栄的経済建設を確立せんとすることがモクヘウ

（　）である。従って今次戦争は東亜経済全体の生産性カウヤウ（　）のもっとも重要なるゼンテイ（　）である。皇軍の緒戦に於けるカクカク（　）たる戦果を思ふにつけても真にイウシウ（　）の美を済さしむるためには、軍事行動とヘイカウ（　）し、神速なる資源確保のハウサク（　）を樹立し、戦争遂行に必需なる我が国経済力を増強し、生産を増進することが産業人に課せられたるセキム（　）である」

漢字の穴埋め問題のほうは比較的簡単だが、高等商業学校の問題だけあって、産業人からみた「大東亜戦争」の意義と責務を簡潔にまとめているのが興味深い。戦争の大義名分を「米英多年の搾取の羈絆《きはん》より解放」することだと述べながらも、末尾では「神速なる資源確保の方策を樹立し」とアジアの資源を確保することを訴えているわけで、なんともさもしい「解放」ぶりなのだった。

【府立高等学校高等科（現在の首都大学東京の前身）国史】

（一）皇国が東亜の安定勢力たる所以を説明し、明治以後の外交につきてこれを例示せよ。

（二）国民精神作興に関する詔書中の「国家興隆の本は国民精神の剛健に在り」の

意義を、歴史上の事例一二を挙げて説明せよ。

（三）我が国兵制の沿革を略述し、且つ今日の所謂「国家総力戦」の意義について所見を述べよ。

「国史」とは現在の日本史のこと。大学受験の日本史科目で問題が論述三問しかない、というのは最近もあるのでしょうか。ともあれいずれの論述問題も時局色が濃厚で……というよりも、時局ネタを国史にかこつけて論述させようという意図のように思える問題だ。

当時の全国の高等学校・大学予科の入試問題には、国史・英語・作文部門でこんな問題が大量に見られた。最近は、一部の自称愛国者諸君が大学入試問題にもケチをつけるようになっているが、再びこのようなありさまにならないよう祈るばかりである。

勝つために今日も体力向上の実践をしよう

柳澤利喜雄『決戦体力の目標』（〈生産文化叢書〉、みたみ出版、一九四四年〈昭和十九年〉）

一九三八年（昭和十三年）に厚生省（現在の厚生労働省）が設置された際、「人的資源の確立」や「国民体位向上」を目的として「体力局」が設けられた。四〇年四月には国民体力法が公布され「国民の体力を国家が管理する世界未曾有」の体制ができあがる。体力局は同年に「人口局」へと発展的に解消されるが、この本の著者、柳澤利喜雄は厚生省医務官として国民体力・人口・公衆衛生行政の中枢を担っていた。

戦争の勝敗は何が決するか。歴史を繙《ひもと》くまでもなくそれは戦ふ民族の精神力と体力による。然らば勝つ為にはまつしぐらに心身の錬成につとめねばならぬ。

あまりにもスパルタ的な宣言とともに始まる同書は、決戦下での国民体力の向上が必須であるとして、体力向上の実践の指針を明らかにしたものだ。

タイトルにもなっている「決戦体力の目標」として掲げられているのは、厚生省による「体力章検定」の標準目標だった。一九三九年（昭和十四年）に制定されたこの制度は、数え年十五歳から二十五歳までの男性を対象として体力測定をおこなうというもので、四三年からは数え年十五歳から二十一歳までの女性も必ず測定を受けることとされた。この検定制度は、柳澤によれば「日本人の一人前の体力としてはこれ迄に到達せねばならぬという具体的な体力修練の目標」という運動音痴には恐ろしい内容で、この標準に合格した者は「体力章」という徽章が与えられたそうだ。

検定の標準はというと、例えば男子では――

一〇〇米走　一四秒以内（上級）　一五秒以内（中級）　一六秒以内（初級）
手榴弾投げ　四十五米以上（上級）　四十米以上（中級）　三十五米以上（初級）
（二二五―二二六ページ）

と規定されていた。こんな人力の修練で機械化された近代戦争に勝とうというのだから、改めて「日本スゴイ」といわざるをえない。しかし、柳澤は「鉄血の意力」で戦争に勝てと呼号する。

そして柳澤の筆致が熱を帯びるのは大日本帝国の人口政策を説いた個所だ。彼は一九三八年（昭和十三年）から日本の出生率が急激に低下していることについて危機感をあらわにしてこう述べている。

若い者が少くなつて、老年者が多くなる傾向である。かゝる時いはゆる「青年なき民族」が出現して来る。青年の居ない民族には発展もなく又未来の輝きも見られぬ。（三三ページ）

そして結論は、「大東亜共栄圏指導者としての日本民族は今東亜十億の民族の為困難なる途を開拓指導者としての責任を果さねばならぬ。（略）東亜の指導者たるべき我が日本が若くして、元気で丈夫でそして賢明な青年男女を将来益〻要すべきことは議論の余地がない」と、まとめているのである。

二〇一五年に、菅官房長官が、「子どもを産んで国家に貢献してほしい」と述べたが、少子化への国家的危機感はこういうところから出てくるということがよくわかる。

戦争とは血と汗とで製れる爆弾をたゝきつけて、正義の意欲を押し通すことである。そこには唯断々乎たる鉄血の意力が存在して居るのみである。戦争の前には如何なる弁解も、如何なる泣き事も一文の価値をももたぬ。たゞ剛鉄の精神と鋼鉄の量がそれを解決するだけである。己れ自らを空うして、永遠なる民族繁栄にのみ唯一の生命を認める時、必ずその民族は戦ひに勝つ。（二六四ページ）

要するに気合で戦争に勝とうとしていたわけだ。

ありがたいお言葉

集団登校のお作法があった日本スゴイ

小学生の集団登校はいまでも随所で目にすることができる光景だが、歴史的な起源については詳らかではない。ただ、児童読み物作家の山中恒さんの証言によれば、一九四一年（昭和十六年）一月に大日本青少年団が結成され、小学校（同年四月以降は国民学校となる）三年生以上の男女児童が学校単位で加盟することになったころに、「これまでは、毎朝、気の合った者だけが誘いあわせて、思い思いに家を出て登校していたのが、少年団の班ごとに整列して、集団登校すること」（山中恒『戦争のための愛国心――ボクラ少国民の作り方』辺境社、二〇〇四年）になったという。

牧野靖史『国民学童礼法の実践』（国進社出版部、一九四二年）には、この集団登校にあたって少国民が身につけるべき作法について一章を費やして述べている。少し長いが、全文を引用しよう。

第一章　登校

一、其の日の学習用具は、前日の夜やすむ前までにきちんと整へ、時間割に揃へて、手おちのないやうにしておく。家で作業したもの、学習整理の成績、紙類、鉛筆の心〔芯〕等。

二、学校行きの服装も、常に一定の所に始末しておき、登校の朝になつて、不揃や忘れ物のないやうに心掛ける。ハンケチ、帽子、鼻紙、弁当用具、靴　等。

三、学校行きの身支度と用意が整つたら、家を出る時刻を待ち、父母其の他の人に対して「おとう様　学校へ行って参ります」等と挨拶をし、学習用具を身につけて、機嫌よく家を出る。

四、近隣に下級生があつたら、親切に誘つて機嫌よく家を出るやうに導いてやる。さうして、隣組分団の集合地に集る。

五、分団の集合地では、お互に「お早う」或は「皆さん　お早う御ざいます」等と朝の挨拶をかはし、下級生に対しては、親切に服装や学用品の不都合や手ぬかりは無いかと見てやる。出発十分前になつても、まだ顔の見えない子供の家には迎へをやる。

五分前に整列、番号。各班の班長は分団長に人員を報告して、自分の班の先頭に立つ。

六、学校へ向かつて出発、分団旗を先頭にして、正常歩で国民学校の児童らしさをもつて行く。必ず足並を揃へる。左側通行。無口で元気よく。容儀を乱さぬ。

七、隊を伍んで行く（整列行進）場合には、途中で長上（目上の方）に逢つても止まらない。

男子は、分団長が「頭右（又は左）」の号令を掛ける。班長以上は挙手の礼を行ひ、他は注目をする。

女子は、分団長が「お早うございます」を行ひ、他は同時に無言で屈体（からだを前にまげる）して敬意を表す。

八、校門では、分団長が門衛当番に注目を行はせ、自分の分団登校を報告する。

副分団長は、当日の出欠児童の報告を行ふ。

門衛当番は答礼し、出欠状況を記録する。

門衛当番は先生に対しては敬礼を行ふ。執銃の場合は捧銃を行ふ。

全分団の登校が終れば、其の出欠状況を当番の先生に報告を行ふ。

写真3　「写真週報」第17号、内閣情報部、1938年

九、分団長は、全団員を奉安殿前に整列させ、最敬礼を行ふ。

寝る前に翌日持っていくものをそろえるとか、ハンカチを持って、弁当を忘れずにとか、ここまでは懐かしい小学生の登校風景だが、「機嫌よく家を出る」ことまで指示されるあたりから怪しい集団行動になっていく。途中で目上の人に会ったら「班長以上は挙手の礼」をするなど、軍隊的に組織された「集団登校」なのだった。男女別に班を作って登校していたようだが、女子の場合は男子と挨拶の仕方が違うところも、戦時下の性別役割のひな型のようで興味深い。

校門に「門衛当番」＝歩哨役の児童が立っているばかりか「執銃」（教練用の木銃か）までしていたというのだから、念の入った軍事教育だ。もちろんイヤだった子もいたのだろうが、ある種の使命感・責任感を負わせられると、がぜん軍隊的規律は身につくものなのである。

この国民学校での「門衛」とよく似た事例が私立高等女学校であった。「写真週報」第十七号（内閣情報部、一九三八年）に掲載された「女学校の歩哨さん」。千葉県八日市場町にあった敬愛高等女学校（現在の敬愛大学八日市場高等学校）では「上級生が校門に歩哨に立つて登校生徒の服装や態度に悪い所があれば注意しあつて直すやうにしてゐます」という仕事だったという。

この記事では「非常時を征服して、前進してゆかうといふ国民精神総動員運動は誰れにでも出来ることです、お互ひに身辺の手軽なことから始めませう」と締めくくられている。「身辺の手軽なことから」戦時体制は人々に浸透したということがよくわかる。

選挙権年齢引き下げを先取りした大日本帝国の有権者教育がスゴイ

「子供のうちから翼賛選挙実習」

奈良市立済美国民学校では時局に応じて一歩を進め、翼賛級長選挙を行つて大きな効果をあげてゐます。この選挙では先生が推薦候補者五名を出して学童に投票をそれぞれ級長、副級長に当選させるといふ仕組みで朗らかな学園新体制を確立してゐます。

⇧子供のうちから翼賛選擧實習　奈良市　仲城義久

奈良市立濟美國民學校では時局に應じて一歩を進め、翼賛級長選擧を行つて大きな效果をあげてゐます。この選擧では先生が推薦候補者五名を出して學童に投票をそれぞれ級長、副級長に當選させるといふ仕組みで朗らかな學園新體制を確立してゐます

写真4　「写真週報」第219号、内閣情報部、1942年

「翼賛級長選挙」！　「朗らかな学園新体制」！　しかも投票箱の背後には「日の丸」！　ディストピア感が横溢するスローガンには悶絶するが、システム自身は「翼賛選挙」の仕組みがよくわかる秀逸なものだ。

一九四二年（昭和十七年）の衆議院選挙では翼賛政治体制協議会が議員定数と同じ四百六十六人の候補者を推薦し、政府は臨時軍事費を流用して推薦候補を応援する一方、非推薦候補については激しい圧力を加えた。

済美国民学校の「翼賛級長選挙」では、五人のなかから二人を選ぶという「選択肢」が与えられてはいるが、それはあくまでも仮象にすぎず、誰が級長・副級長になろうとも本質的には先生が決めているのである。

自分で誰かを選んでいるかのような気持ちにさせる「翼賛選挙」、この方式を編み出した日本スゴイ！と無理やりに付け加えておこう。

第3章

礼儀正しい日本人——国民礼法の時代

「礼儀正しい日本人」というセルフイメージは「日本スゴイ」言説のなかでもよく見かけるもので、「駅のホームに並んで待つ」「落とした財布が戻ってくる」から始まり「大地震が起こっても商店などへの略奪行為がみられない」など枚挙にいとまがない。なかでも、外国から来た観光客が「日本人の礼儀作法」に驚きの声をあげる類いの場面は、執拗に繰り返し活用されている。さらに、元皇族の家に生まれたことを売り物にする評論家などが『日本の礼儀作法――宮家のおしえ』(竹田恒泰、マガジンハウス、二〇一五年)といった本を出すものだから、「日本人は伝統的に礼儀正しいもの」というホントかどうかわからぬ観念が、いつの間にか広範に形成されているようにみえる。

日本の礼儀作法は、江戸時代までは朝廷周辺や武士階級など特定の階層で発達していったものだが、いつごろから全国民的なものとして流布されるにいたったのだろうか。

近代的日常生活に見合った礼儀作法が再編成され、国民がひとしく身につけるべきものとして義務教育に盛り込まれたのは、文部省編輯局編『小学作法書』(文部省編輯局、一八八三年)が嚆矢《こうし》であるとされている。これが「小学校作法教授要項」(一九一〇年)を経て、やがて戦時下の一九四一年(昭和十六年)に文部省制定「昭和国民礼法」が公布されるにいたる。ここに国民的礼儀作法の定式化は完成をみたのだった。この文部省の「昭和国民礼法」序文では次のように謳われている。

礼法は実に道徳の現実に履修されるものであり、古今を通じ我が国民生活の軌範として、すべての教養の基礎となり、小にしては身を修め、家を斎《ととの》へ、大にしては国民の団結を強固にし、国家の平和を保つ道である。宜《よろ》しく礼法を実践して国民生活を厳粛安固たらしめ、上下の秩序を保持し、以て国体の精華を発揮し、無窮の皇運を扶翼《ふよく》し奉るべきである。

国民礼法は、単に礼儀正しい人間を作ることが目的ではなかった。礼法の体得を通じて、目上の者に対してふさわしい服従の態度をとることができるようにすること、すなわち「上下の秩序を保持し、以て国体の精華を発揮し、無窮の皇運を扶翼」する国民を製造することこそが目指されていたのである。

用便は便所にすべきで、庭や路傍にすべきではない

藤井本三郎『昭和国民作法書』（礼法普及会、一九二八年（昭和三年））

「用便は便所に為すべく且つ之を汚さゞる様注意すべし」――用便は庭や路傍ですべきものではない。二十一世紀の現代日本からみるとある意味で衝撃的な規範だが、これは一九一〇年（明治四十三年）十二月に文部省が発表した「小学校作法教授要項」の巻頭「一、居常の心得」の一節である。この時代の義務教育は尋常小学校までであり、帝国臣民の大半に教え込むべきマナーとして文部省がこの項目を挙げたのも理由がないことではない。

旧制尋常小学校の生徒向けの作法書だからこそ、まずはトイレのルールから……とも考えられるが、あえてこのように「用便は便所で」と大書せざるをえなかったのも、おしっこやうんこを便所でない場所でする人が多かったからにほかならない。

一八七二年（明治五年）の「東京違式詿違《いしきかいい》条例」を皮切りに、各地で立ち小便の禁止が布告され、やがて旧刑法の違刑罪に引き継がれるのだが、警官が見てさえいなければ……と、いろいろな場所で用足しする人間はたくさんいたのである。

「小学校作法教授要項」は、文部省制定の体系的作法集として画期的なものだった。こ

の発表から十八年を経た一九二八年（昭和三年）に、「要項」を下敷きとして書かれたものが『昭和国民作法書』である。用便についての項目には、次のような解説が加えられている。

　女子が戸締りなき便所にて小用を為すは下品であり、且つ風俗上醜態であるから、是非とも戸締りある便所に行くべきである。又跡を拭かぬと不潔であるから、女児の時より拭く習慣に為さしむるがよい。（一二二ページ）

よく知られていることだが、立ち小便は男性だけのものではなかった。女性は下着をつけていなかったから、さっと着物の裾をまくって女性もそこかしこで立ち小便をしていたのである。『昭和国民作法書』の著者があえて「跡を拭け」と書いているのも、このような事情があった。都会の街中ならともかく、地方や田畑の野良仕事の最中ではこれが「当たり前」だったのだ。

女子の立ち小便は下着（ズロース）の普及とともにいまではほとんど見られなくなったが、男性の立ち小便の伝統はつい最近まで——というかいまも——しつこく残存していて、よく立ち小便される塀などには小便禁止に鳥居のマークが書いてあるのを見かけることがある。もちろん、いまやその鳥居マークの意味さえわからなくなるほどに都会の立ち小便は激減したわけだが、明治維新で文明国の仲間入りを目指して立ち小便が禁止されてから百五十年近く、ようやくわが神国日本でも用便のマナーが定着したとみるべきか、それとも日本民族が古来から大切にしてきた美しい用便習慣が近代によって破壊されたとみるべきか、見解はさまざまだろう。

『昭和国民作法書』では、用便項に「便所を自然汚したときは、自分で直ぐ掃除をして置くべきである。此掃除をせねば自分の尻を掃《ふ》かぬも同様だ」とも加えられている。駅の公衆便所を見れば一目瞭然だが、こればかりはいまだ定着していないようである。温水洗浄便座付き公衆トイレに「日本スゴイ」と外国人に驚かれても、汚いトイレではどうしようもあるまい。

ありがたいお言葉

用便の後は手を清むべし

……思ふに便所から出た時、手洗鉢《ちょうずばち》の底に少しばかりある水の中に指頭《ゆびさき》丈《だ》け入れ

「ぼしよ」〱と振りたる儘にし、次に行きし人も亦其の様にした手で飲食物を調理したり、座數へ出て食器を扱はれたり、左様の手で飲んだ盃を指されたとしては、真に不快のものではありませぬか（略）（一二三ページ）

「手洗鉢」とは手を洗う水を入れておくための鉢のこと。いまも古民家などのトイレを出たところに、タンクに水を入れて吊り下げる方式の手洗い器を見ることができる。トイレの手洗い用の水回りはセンサー方式など大いに進化したが、駅の男性用公衆トイレで観察するかぎり、手を洗わない人というのは何割か確実に存在する。

祝祭日には赤飯炊いて

大日本聯合婦人会／大日本聯合女子青年団編『女性非常時読本』（社会教育会館、一九三三年〔昭和八年〕）

満洲事変前の一九三〇年（昭和五年）十二月に、文部省の後押しで結成された大日本聯合婦人会は、全国各市町村の婦人会を加盟団体とし会員二百万人の威容を誇った。四一年（昭和十六年）末に内務省系の愛国婦人会、陸軍・海軍系の大日本国防婦人会と合併し、大日本婦人会を結成するまでの十年ほどの活動ではあったが、国民精神総動員運動の一翼を担い、国策としての「家庭生活の合理化」や「貯蓄報国運動」を積極的に推進した。

そのなかでも、聯合婦人会が一九三三年（昭和八年）から開始した「非常時女性訓練運動」は、満洲事変から国際連盟脱退へといたる「非常時」に、「全国二千万の女性一致協力し非常時における思想的自覚と愛国運動の強調」を旗印にした準戦時体制下の女性動員運動だった。

そもそも「女性訓練」とは、これまで女性（主婦）が家からほとんど外出することがなかったため、社会生活を送るための常識も作法も身につけていないから、非常時にあたってこれでは銃後を守れない、だから「訓練」が必要だ、というものだった。この「訓練運動」は〈精神生活訓練〉〈実生活訓練〉〈団体生活訓練〉の三大パートで構成されていて、主婦層への社会的参画＝国策動員を促すだけでなく、プライベートな領域だった「家庭」を社会化し「公」的・政治的領域へと組み込んでいく画期的な運動だったといえる。

この「訓練運動」のテキストとして発行されたのが『女性非常時読本』だった。当時の報道によれば、八十八ページのこのパンフレットを一千万部も印刷して配布したというのだから、ものすごい気合の入れ方であり、かつその資金力には驚かされるばかりだ。

この「非常時女性訓練運動」での〈精神生活訓練〉実践項目の最初に据えられていたのが「祝祭日の家庭化」だった。『女性非常時読本』によれば――。

我が国では一般に、桃の節句、端午の節句等には各家庭で餅をついたり、馳走をしたりしてお祝ひする風習になつて居ります。然るに国家の祝祭日たる四大節や八祭日には正月の四方拝を除くの外、家庭では何等の行事をもなさないのが普通の状態であります。これは国民として本末転倒して居るのではありますまいか。（略）国家の祝祭日にも各家庭で赤飯でも焚くとかその外適当のお祝ひをして、家族一同が日本国民たる事を特に意識自覚するようにしたいと思ひます。（一一八ページ）

四大節とは「四方拝（天皇が元日の早朝に、天地四方を拝する行事。これに国民もならえとされた）」「紀元節（現在の「建国記念日」）」「天長節（天皇の誕生日。この当時は昭和天皇の誕生日）」「明治節（明治天皇の誕生日。現在の「文化の日」）」の四つを指す。正月を除けば、学校など公的機関以外では「旗日」の休日としか認識されていなかったものを、「日本国民」として自覚する日として家庭内でも祝うことが呼びかけられている。精神の動員は、日本史の教科書に載っているような「竹槍訓練」のようなものから始まるのではない。ナショナルデーという国家的イベントを家庭に浸透させること、そうした日常の部分から着手されたのだった。聯合婦人会組織の主婦たちは、その尖兵として組織されたのだった。

ちなみに、第二項目は各家庭での「国旗掲揚の励行」である。八十年以上経った現在でも、「日の丸」フェチな人々が青筋立てて「祝日には国旗を掲揚しましょう」とキャンペーンをしているのをみると、むしろ日本人とは「国旗」なんて知らねーよ的な民族的文化伝統をもっているからこそ普及しないのだ、ということがよくわかるのである。

ありがたいお言葉

現在の日本は内にも外にもいろ〳〵な国難にぶつかつてゐるのですが、其の中《うち》最も恐ろしいのは思想国難であります。思想国難といふのは、国民の気持がゆるんだり、或は正しくない考《かんがへ》を持つことで、つまり日本人でありながら日本人としての本分を忘れたものがゐることであります。（略）

ところが近頃の国民精神の有様はどうか、（略）国民の中《うち》には、や、もすると、我が国体を忘れ、日本国民たる自覚を失つて、まちがつた考を抱くもののあることは悲しむべきことであります。（一八―一九ページ）

「日本国民たる自覚」がないことは、「思想国難」というほどに糾弾されていたことがよくわかる一節である。「正しくない考」「まちがつた考」というアプリオリな線引きを大日本聯合婦人会は平気でおこなっているが、その背後にある模範的〈正しい日本人〉モデルは、つまるところ「教育勅語」をキッチリ装備した人間のことなのである。

よい子の諸君！　カツアゲと痴漢には気をつけよう
東京府中等学校保導協会『保導パンフレット 第一輯』（東京府中等学校保導協会、一九三七年〔昭和十二年〕）

戦前日本の少年犯罪は、二十一世紀に生きる私たちにとって想像を絶するほど悪質・残虐だった——そのことを当時の新聞記事から明らかにした管賀江留郎『戦前の少年犯罪』（築地書館、二〇〇七年）は衝撃的だった。四、五歳で殺人事件を起こす子どもが続出した殺伐神国日本では、青少年の不良行為も生半可なものではなかったようだ。

「大東亜戦争」中に工場に徴用された青少年の不良化については別項で触れるとして、ここでは一九三六年（昭和十一年）の東京市で中学校（旧制）生徒を対象としておこなわれた大規模調査から、当時の「不良」諸君の所業の一端をみてみよう。

一九三六年（昭和十一年）一月、東京府中等学校保導協会が東京の官公立男女中等学校（中学校、高等女学校、実業学校、高等学校尋常科、男女師範学校を含む。ちなみに旧制中学校は十二歳で入学し十六歳で卒業する五年制の学校）に依頼し、通学など校外でどんなトラブルに巻き込まれたのかについて調査した。回答を得られた学校は二百四十四校、回答生徒数は十二万人にも及ぶ大規模な調査だった。

このような調査がおこなわれた背景には、東京の中等学校生徒の通学範囲が広範なため、通学の途中や混雑する車内で「屢々《しばしば》不良の徒輩から被害を蒙ることも尠《すくな》くない」、またとりわけ映画館や縁日、遊園地などの盛り場で「脅迫誘惑、暴行、金銭強要、猥褻行為」などの被害が増加していたことがあった。その悪質さは「凶悪、或は露骨で、屢々善良なる生徒及び父兄をして戦慄を禁じ能はざらしめる」ものだったという事実に驚かされる。そこで、このような被害を未然に防止するため、どのような場所でどのような被害にあい、どのように対処したか――を詳細に調べ上げたのである。

少年・少女たちはどんな被害に遭遇したのか。件数の上位からみていくと、男子が受ける被害で最も多いのはカツアゲ（金銭物品の強要）で被害者総数の四〇パーセント、ついで威嚇脅迫、追尾追跡、殴打暴行、けんかふっかけが挙げられている。女子は、話し掛け呼び掛け（ナンパ？）で被害者総数の二一パーセント、ついで追尾追跡、触手（痴漢行為）、いたずら、握手、揶揄（からかい）のほか誘惑、抱擁、猥褻、写真撮影などとなっている。男子はカツアゲを筆頭に暴力的なものが並ぶが、女子は性的な面での被害が多いことがわかる。

これらの被害にあった場所についてみていくと、カツアゲが多いのは「学校周辺」と「街路上」。女子は「電車内」での痴漢やいたずらがダントツに多く、「プール」「海水浴場」、さらに「興行館」（映画館）での被害も多かった。

また加害者像についても調査されていて、男子をカツアゲするのは中等学校生徒が最も多く、次いで偽学生（！）、不良青少年となっている。女子への痴漢は紳士・勤め人、中等学校生徒、不良青少年が上位三つを占め、さらには軍人による痴漢も多かったようだ。

カツアゲと痴漢は、現在の中学生男女にとっても大きな被害を生んでいると思われ、八十年前と比べて現在とあまり大差ないことが意外ではある。当時と違うところといえば、現在では女子への性的加害に「警察官」カテゴリーも加わっているところくらいかもしれない。

いうまでもなく、一九三六年（昭和十一年）の日本は「教育勅語」が盛んに奉戴《ほうたい》されていた社会だった。「教育勅語」の復活を叫ぶフェチな愛国者諸君は二十一世紀になっても存在するようだが、彼らが宣伝するほどには「教育勅語」は役に立たなかったことがわかる。

自由主義を撲滅し、交通道徳を守りましょう
「少年団研究」一九四〇年(昭和十五年)十月号・十二月号
(大日本少年団聯盟)

一九四〇年(昭和十五年)六月、枢密院議長だった近衛文麿は挙国一致の戦争遂行体制づくりを目指して「新体制運動」を提唱する。同年七月の近衛内閣発足とともに全政党と労働組合は解散し、同年十月に結成される大政翼賛会へと合流するにいたる。のちに、町内会や隣組といった地域の自治組織も大政翼賛会の下部組織として組み込まれ、巨大かつ単一な官製国民団体へと成長していくことになる。

この一九四〇年(昭和十五年)八月二十八日に、近衛内閣のもと第一回新体制準備会が開催され、その冒頭で近衛首相は「高度国防国家の基礎は強力なる国内体制にあるのであって、ここに政治、経済、教育、文化等あらゆる国家国民生活の領域に於ける新体制確立の要請があるのである」とする演説をおこなった。この演説を、「明治維新に匹敵すべき昭和新体制の大宣言」だと、尋常ならざる感激をもって受け止めたのが、大日

本少年団連盟を指導するおじさんたちだった。雑誌「少年団研究」で、大日本少年団連盟のおじさんはこのように興奮しながら述べている。

この新体制運動は「その根本は滅私奉公、公益優先に始まり（略）端的に云へば政治、経済、国防、文化、教育等全般を個人主義的、自由主義的体制のそれらより日本的国家国民全体主義的体制のそれらに変革することである」とまとめながら、おじさんのボルテージは上がっていく。「今や、国民個々の生活体様は、この期に臨んで犀利酷烈に吟味されねばならぬ。一点の仮借も許すことは相成らぬのである」。——近衛演説に乗じるかたちで自説を吹聴しながら、いつのまにか「許すことは相成らぬ」などと他人を裁くことが可能な高みへと自ら上ろうとしている様子がうかがえる。誰かに頼まれているわけではもちろんないはずなのだが……。

ここまで話を大きくしたところで、この大日本少年団連盟を指導する当人は、いまだ個人主義・自由主義に毒されている「日本人」に矛先を向ける。「我々日常の生活を顧るとき、老若男女貴賤貧富、その職業の如何を問はず、無意識に、而かも露骨に先を争ふて他を顧みざるの一例は、乗車の時の一瞬であらう」。これは、高度国防国家体制の大局的見地から、手頃に自分が裁ける日常生活中の義憤へと舞い降りた一瞬である。この観点から「公益優先の国民訓練は先づ之を交通訓練より始むるを最も適当と信ずる。即ち、昭和新体制は交通道徳の実践からといふ理論が成立つのである」というあまり成り立っていそうもない珍理論を構築してしまうのだから、誠に恐れ入るばかりである。

ということで、大日本少年団の少年少女は、皇国民が最も個人主義・自由主義をむき出しにしていがみあう駅の雑踏へと派遣されることになったのだった。

小学生男子を中心に組織された大日本少年団の連盟派遣隊は「交通道徳実践隊」と名づけられ、関東では東京・上野・新宿駅へ、関西は京都・大阪駅を筆頭に神戸の元町駅などの駅へ、さらに広島、新潟、秋田の各県ではそれぞれのターミナル駅に配置された。

主な任務は、

1 駅前広場の整理
2 出札窓口の（イ）一列励行と（ロ）精算払通告
3 改札口の（イ）一列励行と（ロ）切符銘々持参方通告及び（ハ）嵩高持込品注意
4 待合室（イ）整理、清潔（ロ）荷物注意
その他全般的に清掃（紙屑、吸殻）（「少年団研究」一九四〇年十月号、大日本少年団聯盟、二八ページ）

というものだった。

東京の場合、派遣期間は八月十一日から二十七日まで、お盆をはさむ混雑期間。関西の場合は八月二十一日から二十九日までで、平日の雑踏整理が主眼だったようだ。この交通道徳実践隊はマスコミ各紙に夏休み時期の少国民美談として取り上げられ、「少年団研究」誌でも掲載された新聞社名をいちいち誇らしげに公表している。しかし、交通道徳実践隊に参加した少年団団員たちが寄せた感想から見えるのは、およそ滅私奉公、公益優先とは縁遠い、わが臣民たちの姿だったのである。

負ふた子に教へられ
少年少女の交通整理團

写真5　少年少女による交通道徳実践隊の活躍を伝える政府広報誌の記事
（出典:「写真週報」第131号、内閣情報部、1940年）

まず少年団の少年たちが困惑したこととして、「中年以上の人、及び労働者はよく指示に従ふが、若きサラリーマン、女性、学生は従はない。殊に健児の最も憤激せるは若き女性と高等専門学校学生である」「立派な紳士や、ハイカラの若い女がいふことをきいてくれぬこと」「中年女の図々しくて感謝の念なきこと」「女学生は「左側てどっちか」とからかふ」――といった事例を挙げている。もっぱら「若き女性」「女学生」「中年女」がやり玉に挙げられているのが特徴だが、硬派ぶりを押し出したい軍国少年のミソジニーを十分に感じながらも、やはり子どもにいろいろと指図されるのが気に食わないという人が多かったのかもしれない。

実際、少年たちが悪いマナーとして記録しているのは、

出札口で順を守らぬ者。
釣銭をとる者。
待合で大の字にねる者。
唾、痰を吐き、草履でふんでおく者。
煙草の吸殻を所きらはず棄てる者。
キヤラメルの包紙を棄てる者。
サイダー瓶をわざとこわして棄てた者。

痰壺の中へ紙屑を入れる者。

果物の皮を平気で棄てる者（同誌三七ページ）

――などの事例である。こうしたふるまいに、小学生から注意を受けると「生意気な」と腹を立てる人もいたことは容易に想像できる。

大人たちに向けられた少年の目は冷徹で、「注意されたとき卒直に自己の非を認めて改める人が少い。自尊心を傷つけられたるが如く憤慨したり、嘲笑したり故意に無視したり、非を改めないことは同胞として残念である」と少年たちは指摘している。このように自分がやったことを棚に上げて逆ギレする人間は、二〇一〇年代中盤に長期政権を築いた内閣総理大臣を筆頭に、二十一世紀の日本にもたくさんいる。八十年たっても、この民族の性根はあまり変わっていないようだ。

新体制にふさわしく自由主義・個人主義の撲滅を、というテーマで出発した交通道徳実践隊の取り組みだったが、「少年団研究」誌の総括では秋田の少年団員の感想として「日本人はお互になんとか、もう少し立派にならないでせうか」という、苦渋に満ちた情けない言葉が引かれている。立派とはとうていいえない「日本人」が翌年には世界を相手に戦争を仕掛けてアジアの盟主を自称するのだから、そのもとに支配された人々にとってはまったくもって悲惨きわまりないことだった。

弁当箱は左の手に持つ！

東京高等師範学校附属国民学校初等教育研究会編『国民科修身教育の実践――国民学校礼法教授要項案』（大日本出版、一九四一年〔昭和十六年〕）

一九三八年（昭和十三年）に文部省は国民的礼儀作法の統一・整理を目指して、作法教授要項調査委員会（委員長は徳川義親侯爵）を設け、四一年（昭和十六年）に昭和国民礼法としてまとめた。これはお辞儀や正座の仕方から、洋食の食べ方、公共交通機関でのマナーまで一挙手一投足を定めた公式礼儀作法だった。この「礼法」の主要な対象となったのは、この年に学制が改められ発足した国民学校の「少国民」たちだった。

新たに導入されるこの昭和国民礼法を、学校現場でどのように教えればいいのか――同年十月、全国的に影響力をもっていた東京高等師範学校附属国民学校の初等教育研究会の主催で、全国訓導修身協議会という五日間にわたる強化合宿が敢行された。そこで発表された実践報告や訓話をまとめたものがこの本である。

「訓導」とはいまでいう教諭のことで、「修身」は現在の道徳に近い。というのも、「教育勅語」発布以降の「修身」科は、あくまでも〈よい日本人〉をつくるための国家主義的人材育成プログラムと化していたのである。

全国訓導修身協議会で、自らの「修身」教育実践を発表しようという意気込みをみせる訓導たちは、愛国者としての針が振り切れている人が多く、彼らがいうところでは「皇国民の修身教育とは皇国の使命を自覚せしむること」であり、その究極目標は「「死」への修練、「死」の教育」にほかならず「これこそ皇国の使命遂行の源泉」である……などと背筋が寒くなるようなたわ言を噴き上げていた。

修身科に位置づけられた国民礼法教授法もご多分に漏れず、本書第2章でみたような、学校生活すべてを「団体生活訓練」「修練」の場として位置づける錬成思想のもと、一挙手一投足を「行」として児童・生徒に叩き込むことがその基本になっていた。初等教育研究会では、文部省の昭和国民礼法をさらに学校現場用にアレンジした「国民学校礼法教授要項案」を提案し、礼法教育の実情を垣間見せるものになっている。

例えば「弁当の食べ方」。

室内で弁当をつかふ時は凡《およ》そ次の順序方法による。

1　弁当箱は中央に、風呂敷の類は畳んで左、茶碗は右、箸箱は手前に置いて用意する。

2　教師の合図で一礼して食事に取りかゝる。

3　一同の食事が済んだ後前と同様に一礼し、外に出る。（略）

弁当箱は左の手に持つか、左の手をそへるかして食事し、蓋は仰向にして内側に置く。食物を隠して食べてはいけない。（三八八ページ）

これを読むと、現代まで生き残っている弁当の食べ方モデルが、この時期に確立され、明文化されたことがわかる。しかも、弁当箱の蓋でおかずを隠していた子どもたちが昔からたくさんいたこともうかがえる。弁当箱をどちらの手に持つかまで定めるような身体的訓育が、国策教育として義務教育課程に導入された事例は、他国にはあるのだろうか。「国民づくり」を明確に意図して設定された戦時期の礼法教育が、一つの「文化的伝統」を創造したのだった。

ありがたいお言葉

訓練は直接に児童の情意に作用し、実践を通して皇国の道を修練し国民的人格を錬成するにある。皇国の道は教育ニ関スル勅語の斯ノ「道」である。斯の道は臣民として見るとき皇運扶翼の大道である。（略）皇国の道は我が万古不易の国体に基づき、臣民の道は忠を根幹とする。忠とはまことをもととしてつとめをはげみ、分をつくし、以て天皇に奉仕することである。没我奉仕、絶対随順の実行

が皇国の道の修練である。この修練をなさしむる作用が訓練である。（一七一ページ。岩手県師範学校附属国民学校・奥野金四郎）

「教育勅語」をその精神とし、国民礼法を実践規範とする身体的訓育がどのように位置づけられていたのかを端的に表明した一節。目的は「没我奉仕、絶対随順」だったことがわかる。

朝礼は心を込めて
牧野靖史『国民学童 礼法の実践――国民礼法詳解』（国進社出版部、一九四二年〈昭和十七年〉）

一九四一年（昭和十六年）三月一日に国民学校令が公布され、同年四月一日に国民学校が発足した。この国民学校令では第一条に「国民学校ハ皇国ノ道ニ則リテ初等普通教育ヲ施シ国民ノ基礎的錬成ヲ為スヲ以テ目的トス」と定められていて、各教科だけでなく儀式や学校行事もまた「錬成」の重要な一環として位置づけられていた。

とはいえ、急に学校行事や儀式の意義を児童・生徒に教えなければならなくなった訓

導（教諭）たちは大いに困惑していたのではないか。教師向けの参考図書から児童用副読本まで、学校行事に関する書籍がこの時期に集中して刊行されているのだ。このあたりにニーズがあると見極めて時流の波に乗った出版社の体質は、今も昔も変わらないと感嘆してしまう。

そのなかの一冊がこの『国民学童 礼法の実践』だ。この本は、文部省の国民礼法をベースに詳細な解説を加え、さらに各種学校行事に臨むにあたって注意すべきポイントまでを列挙した、まさに「かゆいところに手が届く」一冊だった。日々の皇民錬成に欠かせない学校行事「朝礼」について、同書にある記述をたどってみよう。

一　集合

集合は、だまって、早く、真直《まつすぐ》に。

合図の第一声を聞くや、すぐ定められた姿勢或は行動をとること。

不動の姿勢をとる・曲に合はせて行進する・駆歩《かけあし》　等。

此のとき、口を開いたり、だら〳〵したり、遅れたりしない。

> 集合が出来たら、いつの場合でも、全員が一つに整頓する。（一〇六ページ）

実際、私も中学生時代（一九八〇年代後半）に同じことをよく言われたことを思い出す。だがしかし、この時代に見習うべきお手本は「日本軍人」だった。この個所に付けられている著者の注釈には、

> 日本軍人のひきしまった態度をごらんなさい。すばらしい起ち上り方ではありませんか。だから「戦へば必ず勝つ」のです。（一〇六ページ）

とあるのだが、なんともいえない、かつ微妙に意味がよくわからないお手本ではある。

> 二　国旗掲揚
>
> 「国旗に対して注目」の号令で、全校の児童が一せいに目を注ぐ。
>
> 静々と昇つて行く国旗に対して「終るまで眼を放さない」ことが大切である。此の間の「よそ見」は許されない。
>
> そこに、日本国民として国旗を仰ぐほんたうの心があるわけです。清らかな朝の空に全校の者の眼が一つに注がれて、此の日の丸の下に今日も日本人としての業《わざ》を修

め心を磨くのだと誓ふ。（一〇六ページ）

毎週の朝礼で国旗掲揚をおこなっていたことがわかる。「「よそ見」は許されない」など細かいところまで統制されていたわけだが、「日の丸」が昇っていく最中に「今日も日本人としての業を修め心を磨くのだと誓ふ」ようにしろとまで命じているのが特徴的だ。これは、国旗を単に国家のシンボルとして認識せよということにとどまらず、国旗を媒介として国家＝国体を生徒が感得し、もって〈よき臣民〉としての自己形成を促すためのツールとして活用すべきことが指示されていたわけだ。

三　宮城遥拝

天皇陛下の御前に立たれた厳粛（おごそかなつ、しみある）な態度をとつて、最敬礼をし、日々新な心持で、赤誠こもる感謝と覚悟の誓を申し上げる。

「謹みて　皇室の御栄と国運の発展を御慶び申し上げ、今日も亦先生の訓《おしへ》をよく守り心身を鍛へて、陛下の御役に立つよい日本人となります」（一〇六―一〇七ページ）

いうまでもなく「宮城」とは皇居のことで宮城県のことではない。遥拝はそれぞれの学校から宮城のある方角を確認して、全校生徒がその方角に向き直っておこなうものだった。

「最敬礼」は「先づ姿勢を正し、正面に注目し、上体を徐《おもむろ》に前に傾けると共に、手は自然に下げ、指尖《ゆびさき》が膝頭の辺にとどくのを度（約四五度）として止め凡そ一息の後、徐に元の姿勢にかへる」と説明されている。これは天皇・皇族に対してだけおこなう作法だった。

「天皇陛下の御前に立たれた厳粛（おごそかなつ、しみある）な態度をとって」という点が重要で、天皇があたかもそこにいるかのような「厳粛な態度」をとることが要求されている。「国旗掲揚」「宮城遥拝」のいずれも、崇高な何かがそこに現前しているかのように想像させることで成り立つ儀礼だった。「厳粛な態度」とは、国家的なフィクションを崇高なものとしてともに捧げ持つことを児童・生徒に受け容れさせることであり、決して「ただの布切れじゃんか」「宮城の方角の手前に自分の家があるんだけどな」などとフィクションの虚構性に思いを馳せてはならないのである。

宮城遥拝に続いて朝礼は「四　黙禱」「五　挨拶」「六　訓示、訓話」へと移る。「黙禱」は「米英に対して戦が始められてから、日本国民は一そう覚悟を新たにし、此の大東亜戦争にどうしても勝ちぬいて、其の目的を立派に成し遂げねばならぬ。それについても心から感謝せねばならぬのは、皇軍の将士や、護国の花と散つた英霊に対する誠の心持である」という、気持ちの向け方を定義したものだ。こうした国民儀礼を朝礼の冒頭におこなってから、ようやく「おはようございます」と挨拶し、校長・訓導による「訓示」が始まるのである。

朝礼の最後は――。

七　体操と行進
朝の体操と行進は、よどんだ気持を払って、生き〱とした気持にかへ、全校一心の美しい気風を養ふ。（一〇七ページ）

それまでの神がかり的な国民儀礼で掲揚された「日の丸」に、日本人としての自覚を新たにし、「陛下の御役に立つよい日本人となります」と誓っても、実は「よどんだ気持」は払拭されていないのかとツッコむべきところなのかもしれない。

ともあれ、さすがに「宮城遥拝」は戦後には（かつて天皇主義右翼がやっていた学校を除けば）なくなったが、学校での朝礼のモデルはこのころに確立され、現在まで引き継がれているといっていいだろう。

現行の「学習指導要領」（二〇一六年現在）でも、「儀式的行事」をとりおこなうことが求められていて、「学校生活に有意義な変化や折り目を付け、厳粛で清新な気分を味わい、新しい生活の展開への動機付けとなるような活動を行うこと」とある。ここでもまた「厳粛」が出てくるのだが、小学校から高等学校までの十二年間を通じて国民国家の〈崇高さ〉を身体的に叩き込むことを文部科学省は命じているわけだ。最近は朝礼時の「日の丸」掲揚が復活している地域もあると聞く。再び、「よい日本人」だらけのディストピアが到来しつつある。

御真影はどのように並べるのが正しいか
川島次郎『学校礼法 儀式篇』（目黒書店、一九四二年〈昭和十七年〉）

文部省から国民礼法なる儀礼ルールが公布されたうえ、戦争が始まってますます戦意高揚関連の国家的儀礼をとりおこなう機会が増えてしまった国民学校の校長先生は大いに忙しかったことだろう。一九四二年（昭和十七年）にもなると、突出して軍国主義的な校長のさまざまな行状が数多くの戦争体験記に記録されているので、あふれんばかりの憂国の至情をもって学校儀礼に取り組んだ者も多かったはずだ。

一九四二年（昭和十七年）当時の国民学校での儀礼のうち、最も重要なのは前述した四大節（元日の四方拝、紀元節、天長節、明治節）、勅語奉読式（十月三十日）、次いで入学式、始業式、卒業式などが続く。とりわけ四大節は、天皇・皇后の写真（御真影）を

「奉掲」し、「教育勅語」を「奉読」するという特別なオプションがついている。四大節の儀式とは「天皇陛下の御盛徳を仰ぎ奉り、皇室の御繁栄を祈り奉る」ものであり、三七年（昭和十二年）四月に出された文部次官通牒「式日ニ関スル件」によって、全学校でとりおこなうよう強く命じられたものでもあった。

だからこそ、当時の校長は緊張したのである。仮にも「不敬」があってはならないと、微に入り細を穿つマニュアルが必要だった。それが『学校礼法 儀式篇』だ。

この本はもっぱら儀式を挙行する校長・教員向けに書かれたものである。児童向けの精神訓話の部分が省かれているかわりに、御真影の並べ方、御真影に対する敬礼の仕方から、「教育勅語」の読み方まで、壇上での一挙手一投足にわたって詳細に規定するだけでなく、その根拠として古今の神道文献を渉猟《しょうりょう》し、また明治以来の宮廷儀式や軍隊儀礼から引用してみせるという、儀礼マニア垂涎の一冊になっている。

「学校が火事になって、校長が火中に飛び込んで御真影を救った」とはよく聞く逸話だが、なんといっても最高至上の神様の写真なので、その扱いは慎重を極めた。同書では十数ページを割いて「御写真奉掲」を論じている。

御真影といっても、天皇・皇后の写真だけではない。明治・大正・昭和の三代の天皇夫妻の御真影を奉持している学校もあり、さらにこれに皇太子明仁親王（一九三三年（昭和八年）生まれ）の写真が加わる場合もあった。

問題はその並べ方なのである。

川島次郎の調査によれば、一八九九年（明治三十二年）に文部省が宮内省に問い合わせた文書には、「天皇陛下ヲ右トシ　皇后陛下ヲ左トスルハ古来ヨリノ慣例」（「御聖影奉掲位置ノ件」）とあった。それに対する宮内省の回答は「右ヲ以テ天皇陛下ノ御位（臣下ヨリ向テ左手ニ拝シ奉ル）トスル事」というものだった。さらに一九〇八年（明治四十一年）に宮城県知事が出した照会には、

写真６　国民学校の講堂演壇正面と思われる場所に御真影奉安庫をしつらえた例。写真では木銃を手にした２人の少年が衛兵として立っている
（出典:「写真週報」第184号、内閣情報部、1941年）

皇后陛下
天皇陛下

というパターンと、

皇太子殿下
皇后陛下
天皇陛下

と、天皇が向かって左にくるようにと文部省は答えている。

一九二〇年（大正九年）の文部次官から地方長官宛の通達には、二代にわたる御真影の場合、

昭憲皇太后
明治天皇
皇后陛下

大正天皇

という並び順が示された。

年号が「昭和」と改まったのちの一九二八年（昭和三年）、その前年に設定された「明治節」に対応するかたちで、文部次官通牒「三大節明治節ノ学校ニ於ケル挙式ノ場合御写真奉掲方」では、三代の天皇夫妻の写真をどのように並べるかが示されていて、

昭憲皇太后
明治天皇
皇太后陛下
大正天皇
皇后陛下
天皇陛下

という順番になっていた。何のことはない、単に向かって左のほうへと延びていくわけである。

ところが川島は、この並べ方はよくないという。

我が国の国体から、天皇陛下の御写真は当然正中に奉掲すべきものであらうと考へられる。（三〇ページ）

それはなぜか。「天皇は皇族の上にましまし、皇族を監督遊ばされる。皇室典範第三十五条　天皇の御地位は絶対である」から、「天皇陛下の御写真は、天皇の御地位に応じて最高至上の位置に奉掲すべき」だと川島はいう。国家儀礼での最高の位置とは、一九四二年（昭和十七年）に内務省が告示した「神社祭式行事作法」にも、祭場の座位は「正中ヲ上位トシ左ヲ次トシ右ヲ其ノ次トス」とあるように「正中」（真ん中）だった。川島は、これらの観点から天皇は中心の位置にいなくてはならないことを主張したのである。

実際、文部省は一九四一年（昭和十六年）制定の「礼法要項」で、一八年（昭和三年）の文部次官通牒をひっくり返し、

天皇陛下の御写真は式場の正面正中に奉掲する。

皇后陛下の御写真は、天皇陛下の御写真の左（拝して右）に奉掲する。

（第六章「祝祭日」の注意項目）

として、この並び順を最終的に決定したのだった。ここから川島は、

第四
第二
正中
第三
第五　（三四ページ）

と、御真影配列の序列を提案さえしているのだった。

御真影については、儀式の際にどのような手順を踏んで最敬礼をおこなうかなど、川島の考察は終わらない。さらに「教育勅語」奉読の際に、どの語句にアクセントを置き、どの個所を強調して読むのかなど、儀礼フェティシズムとしか思えないトリビアルな叙述がこの本のなかでまだまだ続くのである。この情熱はまさに神聖国家・日本への奉仕の精神に支えられているのだろう。このような不可解な熱意によって、天皇制の崇高さは人工的に創造されていったのである。

学校掃除は錬成組織づくりから

東京高等師範学校附属国民学校初等教育研究会編『研究紀要』第一輯（東京高等師範学校附属国民学校初等教育研究会、一九四三年〈昭和十八年〉）

日本の学校で生徒がおこなう「掃除」に精神性を見いだして珍重する傾向が最近目につくようになった。「素手でトイレ掃除」で知られる鍵山秀三郎率いる「日本を美しくする会」が各地の学校で展開しているトイレ掃除運動を筆頭に、文部科学省が学校の掃除当番などの「日本型教育」をアジアや中東・アフリカの諸国に「輸出」しようとしているという報道（「朝日新聞」二〇一五年八月二十三日付）もある。ちなみに、「日本を美しく」したいあまりか、鍵山は憲法改悪を目指す「美しい日本の憲法をつくる国民の会」役員に名を連ねてもいる。

四書五経の一つ『大学』に「皆入小学、而教之以灑掃応対進退之節、礼楽射御書数之文」とあるように、儒教システムのなかで「灑掃《さいそう》（掃除のこと）」は教育の筆頭に挙げられてきた古い歴史をもっているが、学校掃除に付与される精神性が極点に達したのは、戦時下の国民学校教育のなかでのことだった。

前項でも触れた東京高等師範学校附属国民学校初等教育研究会が一九四三年（昭和十

八年）十一月に刊行した『研究紀要』に、「国民学校の清掃訓練」という無署名論文が掲載されている。この論文では、「皇国の隆替、東亜の興廃を決する大東亜戦争、大東亜戦争の真の勝利は大東亜共栄圏の確立にあり、今次の輝かしき戦果を引き継ぐ国民の養成にある」というたいそうな話から説き起こし、そのためにも「児童の日常生活を引き締め、質実剛健な生活態度を作る訓練は、清潔整頓であり、学校における清掃訓練である」と宣言する。

学校で生徒に掃除をさせる意義を児童に理解させるために「大東亜戦争の真の勝利」を持ち出すのは異様な論理ではあるが、戦争に勝つためだという理由づけをしておけば、何をやっても、誰も異論をはさめない便利な言葉として活用されていたようでもある。

清掃訓練は、いきなり「掃除マニュアル」の徹底から始まるのではない。まずは訓練

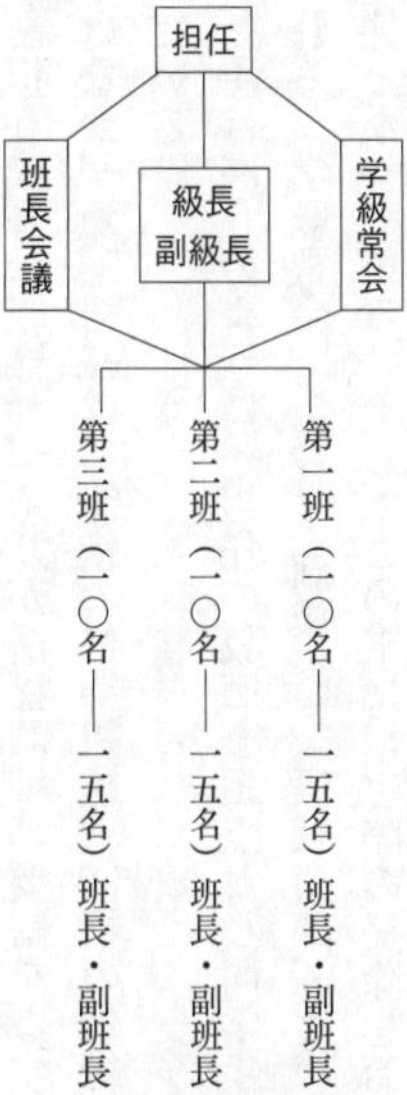

図5　横の修練組織
（出典：東京高等師範学校附属国民学校初等教育研究会編『研究紀要』第1輯、東京高等師範学校附属国民学校初等教育研究会、1943年）

を担う「修練組織」づくりが清掃訓練の要諦をなす。この「組織」も生やさしいものではなかった。組織は、①横の修練組織、②縦の修練組織の二系統が交差するものになっている。

①は図5のように、担任の教師を頂点とし同学年または同学級の児童によって構成される〈学級常会〉〈級長・副級長〉〈班長会議〉という三つのヒエラルキーが複合した形態となっている。そしてこの下に、実際の掃除をおこなう「班」（十人から十五人）が作られ、それぞれ「班長・副班長」が設けられている。

すでにこの時点でいやな予感がする。〈学級常会〉は全員参加、〈班長会議〉は選抜された児童、〈級長・副級長〉はクラスのリーダーであって、これら三つの要素のピラミッドを「担任」が包括的に指導するという形式は——そう、〈町内会（常会）〉〈大日本翼賛壮年団・大日本婦人会〉〈職場の大日本産業報国会〉という大政翼賛会傘下の末端組織が全国民を多重に組織していた仕組みとよく似ているのだった。

ただしこの①横の修練組織は、どちらかというと直接の掃除部隊を統括するという面が強い。これに対して②縦の修練組織は、指導と統制の性格がより濃厚である（図6）。こちらでは〈職員会議〉を頂点としながら、〈主事〉〈総務〉〈教養部〉の重層的な指揮のもと、現場は〈教養部〉〈職員週番〉〈児童週番〉が〈清掃班長常会〉として、掃除を担当する各班を指導することになっている。彼らは「職員会議、清掃班長常会できまった事項をもとにして、もっぱら実践の指導」にあたるとともに、「清掃状況の成績を発表し、清掃についての反省をうながす」という管理・評価の機能を付与されているのである。

この場合の「職員会議」の役割は、「時折清掃訓練に関する問題を提出して協議をなし、清掃訓練の徹底をはかる」となっていた。私が中学生のときに、まさに「時折」、

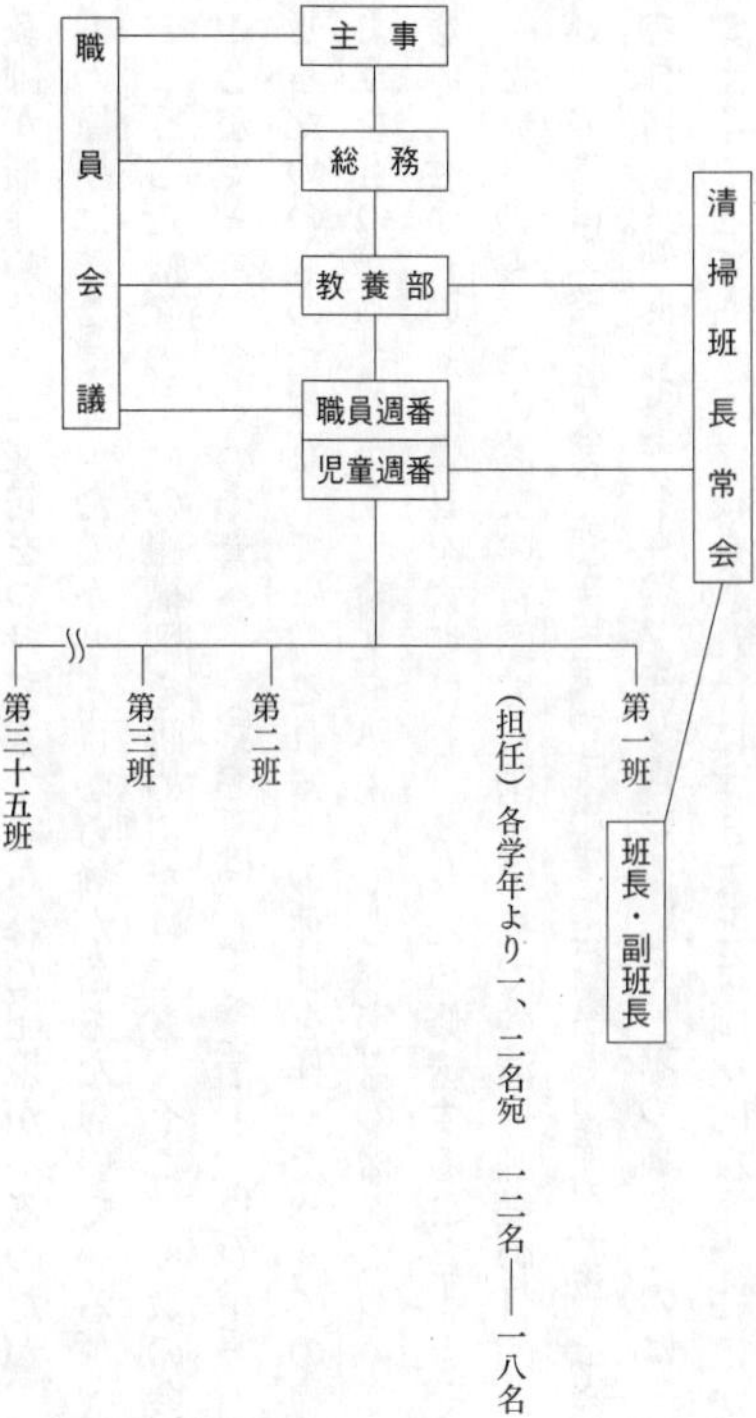

図6　縦の修練組織
（出典：同書）

教師が掃除の仕方に文句をつけてきて叱られた記憶があるのだが、この掃除評価システムの原型はここにあったのかと、目から鱗が落ちた思いでいる。

こうした掃除のための組織図を眺めるだけでも、そこに多数の会議の存在を見て取ることができる。多くの「常会」「会議」は、すべて上からの指導・評価を下部に徹底させるためのものだった。では、これほどの体制を作ったうえでの掃除とはいったいどのようなものだったのか……論文を熟読しても、実際の掃除についてはほとんど触れていない。せいぜい掃除道具を大切にし、壊れたら修繕すること――その程度なのである。

というのも、この論文の冒頭で、国民学校での清掃訓練の目的は「皇国民を錬成していくのには（略）命令や指示に従って忠実に行動し、協力共働してゆく国民的生活態度」の体得（＝錬成）であるとハッキリ書いている。求められたのは、指導への服従を体で覚えることであり、学校をきれいにすることは副次的な産物にほかならなかった。つまりその意味では、掃除それ自体を真剣にやっていないのである。

四書五経の『大学』に発する精神主義的掃除思想は、戦時下日本にかくも毒々しい花を咲かせたのだった。

服従は美徳である

甫守謹吾『国民礼法 産報版・男子用』（金港堂書籍、一九四二年〔昭和十七年〕）

産業報国会のもと、国家のために勤労をもって奉仕する労働者のことを大日本帝国では産業戦士と呼んだ。職場もまた戦場であり、労働者もまた銃後の兵士とされたのだった。この産業戦士のために、文部省の国民礼法を解説したのが『国民礼法 産報版・男子用』である。著者の甫守謹吾《ほもりきんご》は大妻高等女学校や東京女子商業学校で礼法を教えたのち、国民作法研究所を主宰する。礼法に関する著作は多数にのぼり、当代随一の礼法教授だった。

同書は「産報版・男子用」とあるように、文部省の国民礼法を工場・事務所などの場でどのように応用するのかに紙幅が割かれていて、戦時下日本のビジネスマナーを知るうえでも貴重な資料になっている。

内容は日常の身だしなみ、上司への敬礼の仕方、電話応対の言葉遣いから工場・作業場内での機械類掃除の励行、整理整頓の心得、さらに転職・辞職の挨拶にまで及ぶ。しかし、現代のビジネスマナー本のように手取り足取り教えてくれるものではなく、マニュアルとしては意外に使えない。例えば「電話の掛け方」では「深夜・早朝・取込中などは、電話を遠慮する」「電話のベルが鳴った時は、速かに電話口に出る」といったごく当たり前のことしか書かれておらず、〈自社の上司を電話で呼ばれたときには敬称をつけるかどうか〉など、ありそうな具体的な事例についての説明はいっさい出てこない。さらに「名刺」の項目では、「初めて人に面会を求める時、又は訪問する時は名刺を差し出すのが礼である」などとこれまた驚くほど当たり前の常識しか書かれておらず、相手と名刺を交換するときの、〈右手でこちらの名刺を差し出し、左手で先方の名刺を受け取る〉〈商談中は偉い人の順に名刺を机の上に並べておく〉などといった細かいビジネスマナーは載っていないのである。

ただ、時代の移り変わりを感じさせるものに「洋式便所の使い方」がある。当時はまだ洋式トイレに慣れていない人が多かったはずだが、いちばん気になる用便の際の姿勢や便座の上げ下げについて筆者の甫守謹吾はまったく触れずに、「洋式便所に入った時は必ず備付のトイレットペーパーを使用し、自身所持の紙を使用してはならぬ。用を達した後、便器には水を流して、清潔にして置く」とだけ書いている。これは事実上「水洗トイレの使い方」についての説明になってしまっているのである。

関東大震災（一九二三年〈大正十二年〉）後の下水道整備の過程で水洗トイレが普及し始めた――トイレ設備業界でつくる日本レストルーム工業会ウェブサイトの「トイレ年表」にはこのようにある。しかし一九三八年（昭和十三年）に出た『台所浴室及便所設備――新らしい構造図解』（増山新平、大洋社）には「都市衛生の設備が発達してゐないために、汚物を放流すべき大下水設備が出来て居らないので、水洗式便所とするには多くの費用を要し（略）実際上出来難いのである」ともあった。いずれにせよ、都市部を除けば四二年（昭和十七年）の段階でも水洗トイレはそれほど普及しておらず、汲み取り式用の「ちり紙」を各自所持していた……ということがうかがえる。

さて、甫守が同書でかなりの力を込めて書いているのは、例によって「国体観念」なのだった。「はしがき」にはこうある。

本書中、殊に重きを置いた点は、国体観念であつて、日本精神を強く振興し、皇室尊崇・敬神崇祖の観念を深く強めて、此等の精神を礼儀作法の上に表現して実行するやうにし、以て大国民としての確乎たる識見と、高尚なる品位とを涵養錬成することの必要なる所以を説いたのである。（一ページ）

当時よくみられた紋切り型のフレーズではあるのだが、礼法とともに「国体観念」が強調されるのには理由があった。

先に述べたように、文部省の国民礼法では「君臣の義、父子の親、長幼の序、上下の分」を礼法によって明らかにし、もって「社会の秩序を維持」するのが目的とされていた。こうした上下関係を軸とした秩序のピラミッドを維持するための「礼法」思想を甫守が産業戦士向けに書き直すと、外に向けてと内に向けての二重の構造が立ち現れる。

まず外に向かっては――。

我が大日本帝国は、大東亜の盟主となり、東亜の諸民族を率ゐこれを指導して、大東亜共栄圏を確立すべき重大な責任を負ふものである。

これを譬《たと》へて見れば、大東亜の諸民族が相寄つて隣組を作り、日本がその隣組長となつて彼等の世話をし、彼等を指導してお互に協力し、相提携して行かうと云ふのに外ならぬ。

そこで私達日本人の一人一人は、皆隣組長として恥かしからぬ道徳・品位・学術・技芸その他すべての方面に於て、東亜諸民族の上に立たねばならないのである。

（二ページ）

このように、「大東亜の盟主」として礼法を身につけて恥ずかしくない日本人になれと甫守は説教するのだった。「大東亜解放」を建前とした戦争を遂行しながらも、日本が自動的に「隣組長」になって「彼等の世話をし、彼等を指導」するという任務を帯びているとされるところなどは、身勝手な帝国主義的上から目線そのものである。こうした「大東亜の盟主」ぶりを補強するためにこそ、日本民族の優越性や日本文化のすばらしさがあげつらわれて、「日本スゴイ」言説を形成していくわけだ。

他方、内に向かってはどうか。

> 精勤し勤続するには、平生己れの分を守り、責任観念厚く、且つ、上長によく服従する人でなくては出来ないことである。服従は屈従でなくて、一つの美徳である。（六二ページ）

服従は美徳である――これはジョージ・オーウェル『一九八四年』（一九四九年）に出てくる「自由は屈従である」というスローガンを髣髴《ほうふつ》とさせるもので、感嘆を禁じえない。この恐るべき奴隷道徳が職場の規律に貫徹されると、すさまじいことになる。

> 重役を始め其の他の上役から訓戒されたり、叱責されたりした場合に、謙遜な態度で「相《あい》すみませんでした。」「今後は気を附けます。」などの挨拶をし、従順に命令に服するのは美しく奥床しい心掛けである。たとひ、上長の言葉が間違つて居ても、反抗すべきでない。他日いつか、其の誤りは発見されるものである。（六二ページ）

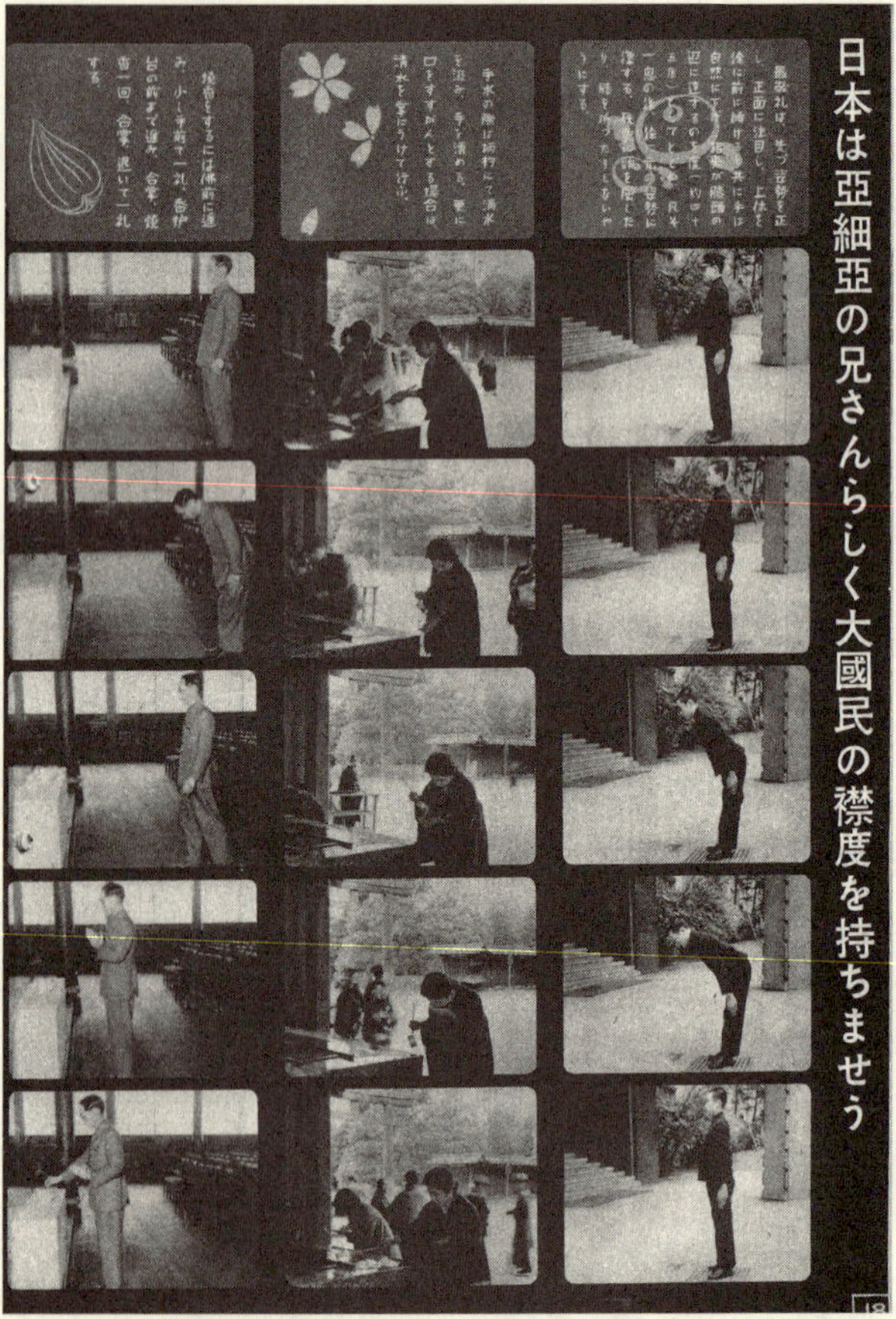

ている。「亜細亜の兄さん」概念を振りかざして説教するのは、親に「お兄ちゃんなんだからしっかりしなさい」と怒られる論理と同じ
（出典：「写真週報」第166号、内閣情報部、1941年）

写真7　礼法やマナーの普及に際して、〈大東亜の盟主＝指導民族・日本人として恥ずかしくないように〉と強調されていたことがうかがえる例。「日本は亜細亜の兄さんらしく大国民の襟度を持ちませう」と呼びかけ

これはツライ。強烈にブラックな職場の香りが立ち上っている。「従順に命令に服するのは美しく奥床しい心掛け」などといわれてもかなりムリだし、自分の人生経験をふりかえってみても「上長の言葉が間違って居ても（略）他日いつか、其の誤りは発見されるものである」というのは、ほぼアリエナイ。

先にみた「大東亜の盟主」としての、また指導民族としての日本人の形成と、服従を美徳とする奴隷道徳との間はどのようにつながっているのか。それは、現代のブラック企業で、「お客様のために」「社会に貢献する企業を目指して」などといった美辞麗句を繰り返し唱和させ、大義のために自らの犠牲をいとわない労働者を作り出す仕組みとそっくりではないか。

「私達日本人は（略）恥かしからぬ道徳・品位・学術・技芸その他すべての方面に於て、東亜諸民族の上に立たねばならない」という誇り高い《ノーブレスな》大義によって、上下関係を軸とした秩序のピラミッドの最下層で屈従を強いられる産業戦士＝労働者は、自らの賃金奴隷としての存在を観念的に飛翔させ、大義に殉じる幸福感でもって悲惨な現実を糊塗する。そのためのツールとして使われていたのだ。

「礼法」――「礼儀を身につける」目的とは、紳士・淑女を育成することにあるのではなかったのである。

ありがたいお言葉

交通マナー啓蒙に「東亜の盟主」を持ち出す日本スゴイ

遺憾ながら現状は、かういふ醜態がいたるところの交通機関に氾濫してゐて、東亜の盟主をもつて任ずる日本国民としては全くおはづかしい次第だと思はれます。広く生活刷新の叫ばれる戦時下の今こそ、光輝ある二千六百年の歴史をもつ一億国民の品位のために、公徳を無視して捲きおこされる混雑は断然一掃して、是非とも銃後の立派な交通道徳を確立しようではありませんか。（『写真週報』第五十一号、内閣情報部、一九三九年）

交通マナーについては、戦争末期まで繰り返し注意が呼びかけられていたが、あまり効き目はなかったようだ。

ここで挙げられているのは「切符を買うのに順序を守れ」「車内にゴミを捨てるな」「立っている人がいるのに席を二人分占領するな」「われ先に席を奪い合うな」といったいまもよく見かける所業についてのメッセージ。これにいちいち「東亜の盟主をもつて任ずる日本国民」や「光輝ある二千六百年の歴史をもつ一億国民の品

混雑を 二倍に揉み合ふ 我れ勝ち組

事變以來、大陸との連絡《れんらく》や生産擴充のために人のうごきは激増《げきぞう》し交通機關はいづれも多數の乗客で輻輳を極めてゐますが、このためともすれば交通道徳が紊《みだ》れがちになります。然し、こんなに混雑《こんざつ》するのだから自分ばかり公徳を守つても仕方がない、かういふ時は早い者勝《が》ちだとばかり皆がかう考《かんが》へて押し合ひへし合ひをしたとすれば、一體どうなることでせう。――混雑ははなはだ増大するばかりでお互ひの蒙る迷惑《めいわく》は一層激《はげ》しくなるばかりです。しかも遺憾ながら現狀は、かういふ醜態《しうたい》がいたるところの交通機關に氾濫してゐて、東亞の盟主をもつて任《にん》ずる日本國民としては全《まつた》くおはづかしい次第だと思はれます。廣く生活刷新の叫《さけ》ばれる戰時下の今こそ、光輝ある二千六百年の歴史をもつ一億國民《こくみん》の品位のために、公徳《こうとく》を無視して捲きおこされる混雑は斷然一掃して、是非とも銃後の立派《りつぱ》な交通道徳を確立《かくりつ》しようではありませんか

このグラフでは、一枚の寫眞（右頁上、出札口）を除《のぞ》く他は余部われ〳〵あるひはわれ〳〵の隣人が行つてゐる見苦しい行爲《かうゐ》ばかりです。再思三省の上、われ〳〵は皆が皆、秩序ある訓《くん》練《れん》された乗客たるべく心がけようではありませんか

（なほ、讀物欄十三頁の交通道徳に關する統計をごらん下さい）

切符を買ふには必ず順序を守りませう。なほ皆が出來るだけ釣錢のいらぬやうに用意して切符發行に時間と手間とがかゝらぬやうにすれば、窓口の雜踏は大いに緩和されるのです

車内は乗客共同の住居です。通路は廊下　座席は家庭のお座敷に相當します。この共同の車内を汚すのは止めませう。こんなのは子供よりお母さんのしつけが惡い！

撮影　鐵道省

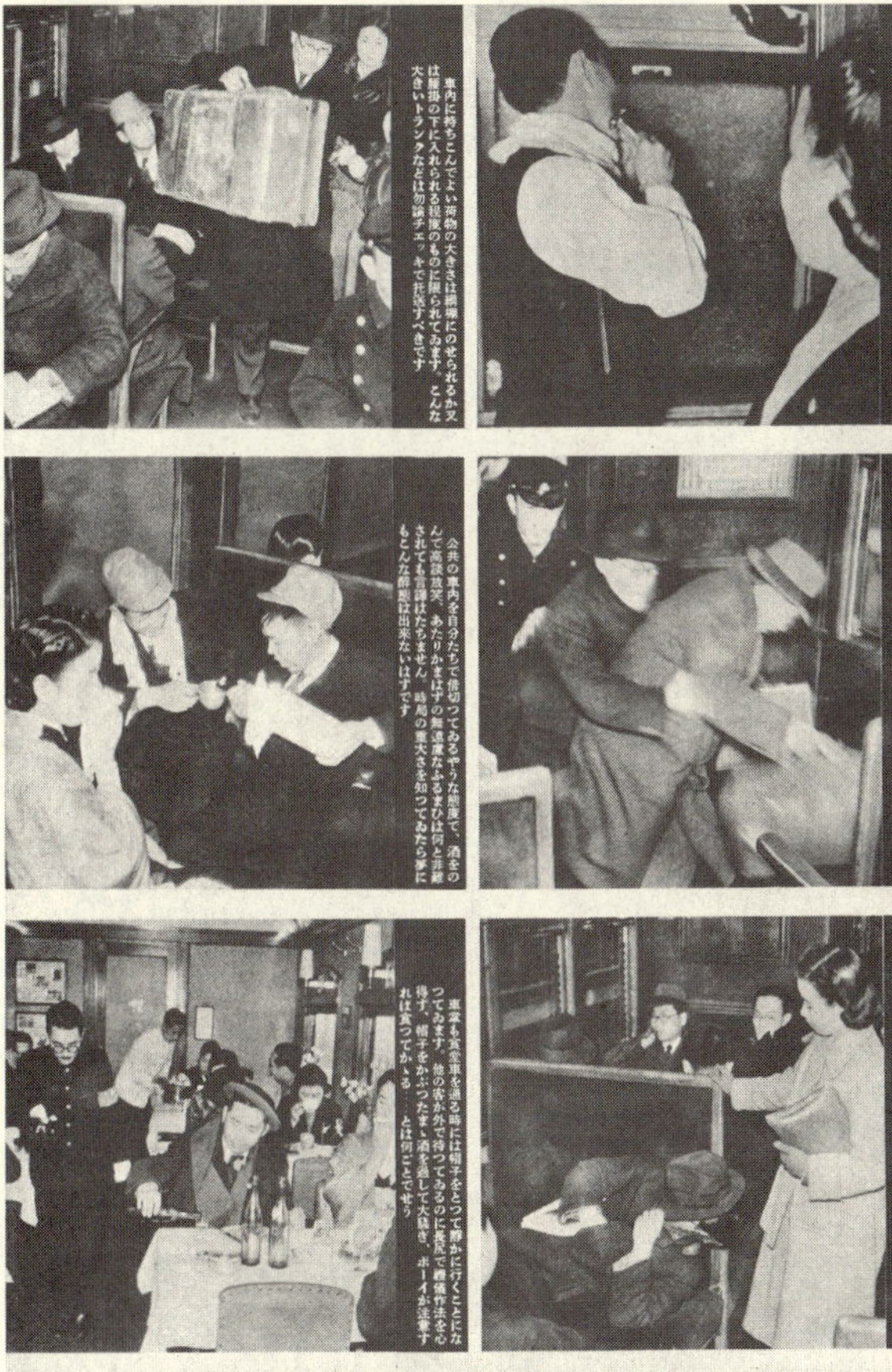

写真8　交通マナーの啓蒙
（出典：「写真週報」第103号、内閣情報部、1940年）

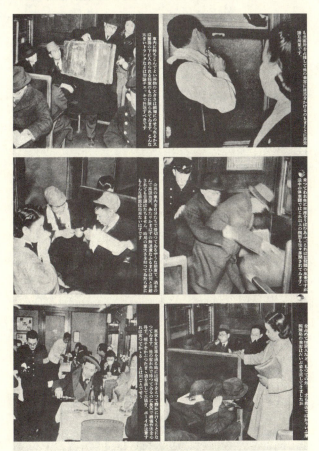

位」を持ち出すあたり、マナーを守る意志の源泉を、個人の自覚にではなく日本国民としての品位に求め、外側からタガをはめようとする独特な人間観を垣間見ることができる。

第4章

よく働く日本人——勤労哲学の教化と錬成

〈日本人の勤勉さ〉は「日本スゴイ」言説の決まり文句の一つである。「勤勉」をキーワードに日本文化論を組み立てたものは多数にのぼる。最も猖獗《しょうけつ》を極めたのは、日本がまだ「世界第二位の経済大国」としてブイブイ言わせていた一九七〇年代なかばから九〇年代の時期で、このころに出版された『ジャパン・アズ・ナンバーワン――アメリカへの教訓』（エズラ・F・ヴォーゲル、広中和歌子／木本彰子訳、ティビーエス・ブリタニカ、一九七九年）や『セオリーZ――日本に学び、日本を超える』（ウィリアム・G・オオウチ、徳山二郎監訳、CBS・ソニー出版、一九八一年）といった日本文化論を含んだビジネス書には、勤勉な日本人サラリーマンのイメージがあふれていた。

こうした「勤勉」のイメージは、

> 我が国の文化や伝統、誠実さや勤勉さ、「和の精神」、自然を畏敬する心、宗教的情操などを誇りとしながら、新しい時代を積極的に切り拓いていく日本人を育てていかなければならない。（中央教育審議会「幼児期からの心の教育の在り方について」中間報告要旨〔一九九八年三月一日発表〕）

などのように、無根拠に〈日本の伝統〉とされ、国家の教育政策に盛り込まれたりもしている。勤勉ではない人にとってはたいへんにツライ時代なのである。

　では本当に日本人は「勤勉」なのか。いうまでもないことだが、勤勉な人もいれば怠けるのが好きな人もいるわけで、一概にそうはいえないというのがアタリマエなのである。そもそも人類の歴史が始まって以来、一日に消費するよりも多くの食料や生活材を生産することで人間社会は維持され、発展してきた。つまり世界史的にみれば勤勉でなかった民族はないともいえるのである。

　ともあれ、「日本人は勤勉だ」と自らを呪縛する必要はまったくないと思うのだが、「勤勉だ」と言われるとうれしくなってしまう人々が、そのイメージの普及徹底を目指して文字どおり勤勉きわまりなく邁進しているのが現状だろう。

「日本人の勤勉さ」の基礎をなす「日本的勤労観」について、考察するうえで一つのヒントになるのが、「大東亜戦争」戦時下に勤勉を奨励……いや、勤労を通じた奉公を強制した諸言説だろう。本章では、当時の勤労イデオロギーにみられる「労働／労働者」像についてみてみよう。

兵士は戦場に死し、工員は職場に斃る

原了『決戦下の青少年』（協和書房、一九四三年〈昭和十八年〉）

「大東亜戦争」開始による戦時増産のかけ声のもと、軍需産業に対して労働力が重点的に配分され、徴用工をはじめとした工場労働者が男女問わず一挙に増大した。すでに二十歳代の男性労働者の多くが応召して出征しつつあったなかで、一九四三年（昭和十八年）に国民徴用令と国家総動員法が改正され、未熟練労働者が一気に増えたのである。彼らに対する技能教育や安全教育の必要性が叫ばれてもいたが、それ以上に勤労道徳・労働規律を体得させることが大きな社会問題になっていた。

この一九四三年（昭和十八年）をピークに、若年労働者向けの自己啓発書が多数出版されるようになった。いずれも二百ページ前後の薄い本で、工場監督者や産業報国会幹部の訓話をまとめたような平易な内容になっている。ところがこれらの書籍は、コレ一冊読めばよい日本人＝よい労働者になれることを目的として書かれていたために、〈皇国思想＋勤労道徳＋アメリカ・イギリス憎悪＋日本スゴイ〉がワンセットになったきわめて濃厚な総力戦体制動員マニュアルになっているのだった。

なかでも『決戦下の青少年』での煽り方のバランスと目配りは絶品だ。前半の「愛国

篇」では、天皇の赤子であるわれわれ日本人は賃金のためにではなく国家のために働くのであり、特に現在の大東亜戦争下では品性下劣にして悪逆無道のアメリカ人・イギリス人に勝つために、戦地の兵隊さん以上に働かなければならないとしながら、国体の精神をはじめ皇国史観の基礎を述べたうえで臣民としての責務を説いている。

後半の「工場篇」は、いわゆる労働規律を中心的に扱っているが、「こぼれた石炭クズを休み時間中に拾っていた選鉱婦を偉いと上司が褒めたら、職場みんなで休み時間を返上して石炭を拾うようになった」などといった、各地の産業報国会が集めた工場美談が節目節目で紹介されている。そのほかにも、「会社の休日に人知れず工場にやってきて便所掃除をしていた模範青年」「ネジの検査をやっていた女性が間違えて不良品を良

品の山に投げ込んでしまった。気になった彼女は終業後、朝までかかって一万五千本のネジを検査し直して不良品を見つけた」など、我が身を捨てて職務に邁進する「尊さ」をこの本では謳い上げている。休み時間・休日を返上、無休で徹夜など、いまからみると死にそうなエピソードが「美談」とされてしまうのだから、なんとも恐ろしいかぎりである。

こうしたブラック美談の極致が、この本の冒頭に紹介されている少年工のエピソードだ。

ある少年工が、担当する機械のベルトの不具合を発見したが、機械を止めてしまうと工場全体に迷惑がかかる。そこで稼働中に直そうと手をつっこんだところ歯車に指が巻き込まれて大けがをしてしまった、というものである。

現代なら労災防止啓発ポスターになるような最悪のケースだが、ここでは「自分の危険を冒してまで、大切な兵器を造る機械を、たとへ一秒でも停止してはならぬという愛国の真心」の発露であり、「兵士は戦場に死し、工員は職場に斃る。我が日本男子の本懐である」ということになってしまうのだから、泣きそうなぐらい「日本スゴイ！」。地獄のようにスゴイ。

ありがたいお言葉

君臣同祖　我が国では、皇室は国民総本家であらせられ、臣民はその分家である。かくて次ぎ次ぎに祖先を求めて歴史を遡れば、天皇も臣民も、共に同一祖先である天照大神に到達する。我が日本人はみな神の子孫で、神の血が我等の体内に流れてゐる。（二九ページ）

日本に生れた喜び　我等はかゝる立派な国に生れ、君臣一体となつて、祖先伝来の皇国を護り、更に発展せしめようとしてゐる。何たる生き甲斐のあることであらう。（三五ページ）

写真9　生産現場での労働災害防止意識を喚起する「全国安全週間」は1928年（昭和3年）に始まったが、日中戦争の全面化（1937年〔昭和12年〕）以降は国民精神総動員運動（精動）に組み込まれた。とりわけ38年夏の同週間は「国民精神総動員全国安全週間」と名称も変わり、「安全報国、銃後の護り」のスローガンのもとで取り組まれることになった。これは産業安全運動が「報国」という大目的のもとに再編されたことを意味する。

国民精神総動員中央連盟がこのとき編集した『安全報国読本』（国民安全協会、1938年）には、「国家総力戦に参加する産業戦士」などの見出しが躍る一方、「機械にも精神が通ふ」など神がかり要素も盛り込まれていた。これが戦争の熾烈化とともに、労働者にどんどんブラックな労働規律を強要していくことになる。

写真は1938年（昭和13年）7月の「国民精神総動員全国安全週間」に設定された一日「規律訓練日」の紹介として「写真週報」に掲載された、工場の防空演習の1コマ。労働者が毒ガス空襲に備えて防毒マスクを着ける様子。

（出典:「写真週報」第19号、内閣情報部、1938年）

天業翼賛　日本人と生れた者は、それぐ〳〵の職務を通じて天皇陛下の御仕事の一部分を、お輔《たす》け申し上げてゐる。官吏は政治で、教育家は子弟教育で、実業家は国富増強で、商人は品物の売買で、農夫は食糧増産で、我等工員は生産増強で、みな大君の御為に働いてゐるのである。（三七ページ）

「皇室は国民総本家であらせられ、臣民はその分家である」という家族国家規定から始まって、あらゆる勤労が大君＝天皇のためなのであると謳い上げている。こうした天皇を中心とする勤労観は、同時に自己の労働への「誇り」＝日本人としての「誇り」を喚起するものでもあった。

「日本的勤労観」の暗黒

難波田春夫『日本的勤労観――産業報国運動の理論的基礎付けの試み』（〔「産報理論叢書」第一巻〕、大日本産業報国会、一九四二年〔昭和十七年〕）

前項までみたような総動員体制下での労働規律・勤労道徳では、しつこく「日本的」であることが強調されている。資本主義的・自由主義的でもなければ、またナチス的でもない、日本国体の歴史に根ざした「日本的勤労観」が確立されなければならない――これは、既成の労働組合運動を根絶し、労使協調ならぬ「労使一体」を体現する存在として現れた大日本産業報国会の中央指導部では喫緊の課題でもあった。

「我々の勤労とはいかなるものであるのか」とあらためて労働の再定義が求められたのは、賃金奴隷としての無産階級による階級闘争（理論）をその根底から否定するためのイデオロギーが必要だったばかりではなく、軍需的要請から必然化する低賃金かつ長時間にわたる苦役的な労働を労働者が耐え忍ぶことを可能とする哲学を、彼らに与える必要に迫られていたからにほかならない。こうした屁理屈がないと、工場長が労働者たちに朝礼で説教を垂れる際に、過酷な労働を正当化し彼らの不平・不満を抑え込むための〈大義〉がなくなってしまうのである。

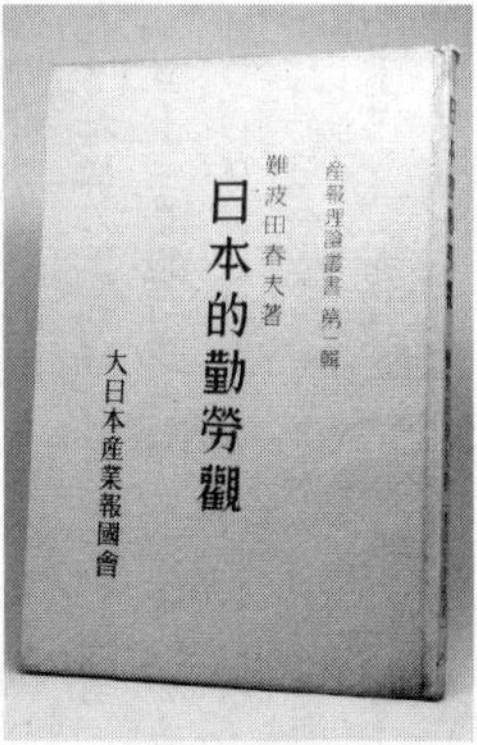

「日本的勤労観」の確立を求める大日本産業報国会中央からの要請（序言によれば一九四一年（昭和十六年）夏）に応えるかたちで、当時東京帝国大学経済学部助教授だった難波田《なにわだ》春夫が書き下ろしたのが『日本的勤労観』だ。

同書で難波田は、「自由主義的・マルクス主義的労働観」と「ナチス的労働観」をそれぞれ次のように特徴づけている。「自由主義的・マルクス主義的労働観」では、「資本と労働とが対立しながら結合し、結合しながら対立する」と考える。そのため「資本と労働との間の対立を激化させずにはおかなかった」。こうした労働観が破壊的な作用を与えたのは第一次世界大戦の敗戦国ドイツであり、この時期に民族主義を標榜するナチスが勃興して、自由主義的・マルクス主義的経済思想の害毒からドイツを救った、と難波田はまとめている。

一方で「ナチス的労働観」では、民族共同体を最高の理念とし、「経済は民族のために奉仕」するものでなくてはならず、資本と労働とは相争うものだが、政治の力で統制して「その対立を止めて、生産増大に努力し、民族の手段としてみづからの利益を民族のために犠牲としなければならない」。難波田は「民族のためには資本や労働の私益が犠牲とならねばならぬことを、ナチスは「公益は私益に優先す」といふ言葉を以てあはした」と記している。

難波田によれば、経済の目的を民族共同体の実現という点においたナチス的労働観には格段の進歩が認められるが、しかしいずれも資本と労働との分離を前提としているかぎりで限界があるという。労働者は、労働者をやめることができても、民族の一員であることをやめることはできない。ナチスは資本と労働の対立を前提としながらも民族共同体の建設のためにその対立を超えるべきことを説くが、それでは不十分である。民族こそが経済の存在を根本的に規定するものであり、この認識に立つことによってはじめて、「自由主義的・マルクス主義的労働観」と「ナチス的労働観」を超えることができる――ということなのだそうだ。

では、難波田がいう「日本的勤労観」とはどんなものか。

それを語るにあたって難波田は、『古事記』を引きながら、「日本民族の構造」を解き明かすところから始める。民族の特質が明らかになることによって、「日本経済の特質も明らか」になる、という。この個所は「国体は日本民族が成立した時すでにそこにあり、かつその後現在に至るまで、瞬時もそこを離れたことのない基本構造である」など、不思議な叙述がてんこ盛りである。簡単にまとめれば、「わが民族は天皇を中心に血縁的・精神的に統一せられてゐる（略）。わが民族は、それが民族として成立したとき、すでにそこに天皇といふ秩序の中心をもってゐた。天皇こそは、わが民族の民族としての成立を可能ならしめる理念であった」（!）。そして宣言するのだ。「天皇の御本質は「治天下」、国民の在り方は「仕奉《しぶ》〔天皇に対する職務を通じた臣従関係：引用者注〕」である」と。

史実では……と持ち出すとまったくワケがわからなくなるような、〈考えるな、感じろ〉式論理だが、ここは難波田が「ナチス的労働観」を超えていると自負する理論の肝となる部分なので、ガマンして付き合うしかない。

先にみたように、難波田は「民族こそが経済の存在を根本的に規定する」とした。そこで、天皇を頂点とする日本民族の特質を「天皇を中心に血縁的・精神的に統一」されていることとし、国民は天皇に対する「仕奉」をその本質とする、と説いたワケだ。

要するに、「日本的勤労観」とは、「わが国の労働は、かくの如く、皇国民たる労働者のなす労働であるが故に、その根柢に於いて仕奉を在り方とするもの以外ではあり得ない」ということなのだった。明治以降の近代化の過程で、たしかに日本でも資本と労働の分離を生み出したが、わが国では資本家も労働者も「経済的人間であるより以前にまづ皇国民」である。その両者の対立を「否定するものではない」が、しかしその対立は決して究極のものではなく、「天皇への仕奉として一致」するべきものであり、「日本的経済思想」では「労使間の根本的な和」を説くものと、難波田は力説するのだった……。

実はこの難波田の「日本的勤労観」は、一九四〇年（昭和十五年）十一月八日に閣議決定された「勤労新体制確立要綱」を理論的に補強するものにほかならない。同要綱の冒頭には、次のように述べられている。

勤労は皇国民の奉仕活動として其の国家性、人格性、生産性を一体的に高度に具現すべきものとす、従つて勤労は皇国に対する皇国民の責任たると共に栄誉たるべき事、各自の職分に於て其の能率を最高度に発揮すべきこと、秩序に従ひ服従を重んじ協同して産業の全体的効率を発揚すべきこと、全人格の発露として創意的自発的たるべきことを基調として勤労精神を確立す

この要綱はその二週間後に結成された大日本産業報国会のイデオロギー的根幹をなすものだった。「奉仕」と「服従」を労働者に強制する「勤労新体制」こそが、大正末からの激烈な階級対立／階級闘争を最終的に絶滅させたのである。

労働は天皇への仕奉であり、労働を通じて皇国民は天皇へ臣従する——この恐るべき「日本的勤労観」はまさに最悪としかいいようがない。

この論理が支配する世界では、ストライキはもちろん、労働条件への不平・不満さえも「仕奉」の心を忘れた非国民のふるまいだということになる。資本主義的生産様式での賃金労働を「仕奉」「奉仕」と位置づけるかぎり、その矛盾はすべて労働者の側にしわ寄せされるのである。

難波田も「否定できない」ように、資本と労働の対立は資本主義であるかぎり必然的にもたらされる。それを難波田は「労働者も資本家も同じ日本人」という論理で覆い隠そうとする。あたかも経営者向け精神講話スピーチ集に載っていそうな陳腐な屁理屈だが、資本家とは資本を人格化した経済学上のカテゴリーにすぎず、人間がコントロール

できない資本の自己増殖運動を個別資本家の民族性によって「天皇に仕奉する」ものとすることができるなどと夢想していることからしてすでにダメダメでしょう。

しかも、勤労観に「天皇」を持ち出すところは、「下級のものは上官の命を承ること、実は直に朕が命を承る義なりと心得よ」(「軍人勅諭」)とまったく同じ構造を狙っているといわざるをえない。職場が「奉仕」と「服従」の場になると、職場のヒエラルキーは天皇を頂点とするピラミッドの一角に組み込まれ、部長や課長、あるいは係長までが天皇に代わって労働者の「仕奉」を指揮すると見なされることになる。帝国軍隊と同じように、職場に横暴な「ミニ天皇」が大量に発生するという地獄絵図がもたらされることになるのだ。

労働を「仕奉」「奉仕」と規定する「日本的勤労観」は、戦争に負けても、また労働基準法ができても、不幸なことに姿を変えて現在も生き延びている。

もう四半世紀前から問題にされている「サービス残業」がなくならないのはなぜなのか。上司が帰るまで部下が退社できないのはなぜなのか。「奉仕の心」なるものを労働者がいまも社員研修で狂ったように身につけさせられるのはなぜなのか――「日本スゴイ」コンテンツで「日本人の勤勉さ」だと称賛されるものは、まさに文句を言わせずに働かせる思想体系が発明されたことの結果にすぎないのである。

報酬を求めるのは日本固有の精神ではありません

小島徳弥『働く女性の力』(国民教育会出版部、一九四二年〔昭和十七年〕)

日中戦争が全面化して以来、兵役にとられて職場を去る男子労働者の穴を埋めるため、そして戦時に要求される生産能力を維持するために、女子労働者の採用が進められた。大日本産業報国会が一九四〇年(昭和十五年)十一月に設立される直前、その前身をなす産業報国連盟の会員数は四百十万人にのぼっている。そのうち、女子労務者は三分の一を占めるにいたったという(「働く婦人を中心に　婦人産報座談会」「産業報国」第二十四号、産業報国連盟、一九四〇年)。

そして一九四一年(昭和十六年)十二月に国民勤労報国協力令が施行され、十四歳以上二十五歳未満の「未婚」女性に、年間三十日以内の勤労奉仕が義務づけられる。

戦時下での女子労働人口の増大によって、女子労働者向けの労務管理政策の確立が必須とされるようになる。実際、大日本産業報国会では、「勤労女性の戦時指導方策を確立するため産報中央本部では官民各方面の諸権威約四十名をもって、「婦人指導会」を結成」「婦人労務動員の範囲及び配置婦人労務者の教育訓練、勤務時間と給与、保健厚生施設など時局下緊要な勤労婦人の諸問題」をめぐって検討を開始している(「朝日新

写真10　東京・亀戸にあった紡績会社が創設した淑徳女子青年学校の茶道の授業。紡績工場で働く若い女子労働者600人が労働のかたわら、この学校で学んでいた。生徒は全員、工場に隣接する寄宿舎で生活し、一般の高等女学校の課程に準じる教育がおこなわれていたと記事にはある（出典：「写真週報」第171号、内閣情報部、1941年）

聞」一九四一年八月十日付大阪版)。また、産業報国婦人錬成会(一九四一年〔昭和十六年〕二月―)、産報女子労務指導者講習会(一九四一年七月―十二月)などの研修セミナーのようなものを開催し、〈女子労務指導〉は積極的に産報運動に位置づけられたのである。

このような時勢のなかで、女子労働者向けの自己啓発本がそれなりの量で出版されている。人付き合いの仕方から勤労の心得まで、若い女性の全生活をカバーする内容のものが多いのは、若年女子労働者の場合、実家を初めて離れて寄宿舎で生活する人が多く、慣れない集団生活でさまざまなトラブルがあったのだろうと推測できる。

文芸評論家・小島徳弥が執筆した『働く女性の力』も、そうした皇国労働者向け自己啓発本の一冊だった。

「働く女性の力」というコンセプトのもと、同書では「世界に誇る日本女性」から始まって、

「我が国体と女性の力」

「偉大な女性の力」

「未婚時代の女性の力」

「主婦としての女性の力」

「母としての女性の力」

「国家と女性の力」

「社会と女性の力」

「技術と女性の力」

「銃後を守る女性の力」

「時局を乗切る女性の力」

──と、文字どおり「力」まかせに押しまくり、最終章を「大東亜の建設と女性」で締めるという、全方位にわたって「女性の力」で埋め尽くしたものすごい構成になっている。

このなかでもとりわけ力を入れて書かれているのは、当時の「日本スゴイ」コンテンツともいうべき序章「世界に誇る日本女性」で、これから働き始める女性たちにすさまじいアドバイスが展開されていた。

> 子供が川へ落ちたとする、あの子供は金持の子だ、助けてやればきっとお礼を呉《く》れるだらう、さういつた気持ちはどんなものでせうか。それでは、その子供が若《も》しもお礼の出来さうもない貧乏人の子だつたら、どうするのですか、助けないで置くのですか。
>
> ところが人々は、
>
> 「自分はこれだけのことをしたんだもの、それ位のことがなくては……」
>
> かうしたことをよく口外に洩します。
>
> これは、英米流の功利的な考へ方であります。（一五─一六ページ）

説教の前フリにありえないシチュエーションの例え話を持ち出すのはよくあるパター

ンだが、私のこれまでの経験上、その場合あとに続く説教本体がトンデモなことが多い。だいたい、川で溺れている子どもを見て瞬時にお礼の金額を計算する人は、あまりいない。ところが「自分はこれだけのことをしたんだもの、それ位のことがなくては」と考える人は少なくないだろう。ここでのレトリックは、お礼の多寡で子どもを助けるかどうかを計算する人でなしと、自分の行為に報酬を求めることは同じである、と描き出すことにある。

わかりやすい説教技法だが、小島は次のように続ける。

しかし、行為に対して報酬を需《もと》める、といふよりは、予め報酬を期待して行為をするといふのは、日本固有の精神ではありません。その報酬の如何にか、(わ)らず、自分の身によつて出来るだけの行為をつくす。これが我が国の伝統的精神です。

(一六ページ)

えっ?と驚く展開に、アタマはクラクラです。川で溺れている子どもを見れば、どこの国の人でも、普通は報酬を期待する前に助けますよねー。ところが小島は、報酬を期待することなく行為することは「日本固有の精神」だというのだが、おそらく世界中のほとんどの人はその精神をもっている。つまりまったく「日本固有」ではないんですね。

そんなことよりも、ここで小島がいいたいのは、「報酬の如何にかかわらず、自分の身によって出来るだけの行為をつくす。これが我が国の伝統的精神です」ということであり、川で溺れている子どもを助けるかどうかの問題は結論を導くためにもってきた都合のいい例え話にすぎなかった。「報酬」＝給料が多かろうが少なかろうが関係なく、自分にできるかぎりがんばる――これが「日本固有の精神」ダというわけだ。

今日、職域奉公、勤労奉仕といったことが盛んに唱へられます。（略）それは、強ひられたり、求められたりして、いやいやながら働くのでなく、その形式はどうであらうとも精神は、自分から進んで、国を愛するまごころから、力を尽し、力を捧げるのです。従って、手当がすくないとか、働いたって三文にもならないとかいった不満や不平のあらう筈はありません。自分の働きに対して報酬を云々するのでは、奉公の意味も、奉仕の意味もなくなります。

報酬があらうが無からうが、又、多からうが尠《すく》なからうが、そんなことには一切無関心で、些かの不満もなく、不平もなく、悦び勇んで、それぞれ自分にあてがはれた仕事につ〈と〉めることが大切であります。（一六―一八ページ）

ほら、ね。給料の問題なわけですよ。引用文で明らかなように、前項でも触れた「日本的勤労観」が、ここでも屁理屈として活用されているのである。賃労働がいつのまにか「奉仕」「奉公」にすり替えられ、「奉仕」「奉公」だからこそ、「手当がすくないとか、働いたつて三文にもならないとかいつた不満や不平のあらう筈はありません」とあらかじめ不平・不満を封じ込めてしまうのだ。

これはすさまじい〈タダ働きのすすめ〉である。もしくは、〈安給料でも黙って働け。それでも貴様は日本人か〉という恫喝そのものにほかならないだろう。

不平なく働く心は、又、没我、滅私の精神ともなります。（略）

我が国では、滅私奉公といふ言葉がよく示してゐるやうに、古来、国民はすべて「私」の心をなくし、「私」の利益を考へないで、身も心もたゞ国家に捧げつくしてゐるのであります。（略）この尊い国民精神によつて、世界に誇る日本の国体は、二千六百余年に亘つて、揺ぎなく維持されて来たのであります。（一八―一九ページ）

日本史の教科書で習う「滅私奉公」の実像はこのようなものだった。「国民はすべて「私」の心」をなくして働くのが日本古来の伝統であり、滅私奉公によって「世界に誇る日本の国体は、二千六百余年に亘って、揺ぎなく維持されて来た」のだという。サービス残業は民族的伝統だったわけだ。

実は、ここにも詐術がある。こうした「奉仕」「奉公」のブラックな勤労観が、古来からの日本民族の伝統であるかのように押し出されていることだ。難波田はこのことを論証すべく、『古事記』の一節を拾って無理やり「仕奉」理念をひねくり出してきたが、小島は小島で無頓着かつ論証もしないまま、二千六百年にわたる滅私奉公の歴史を噴き上げているのだった。

「奉仕」「奉公」思想が、あたかも大昔から自然に形成されてきたもの、民族性に根ざしたものであるかのように表現することによって、大正末からの日本での激烈な階級闘争を否定し、そして現下の総力戦体制のもとで女性労働者を「人材」として生産拠点に投入していくことを正当化しようとする、粗雑で急ごしらえのイデオロギーであることを隠蔽しているのである。

そして現在、この総動員体制下のイデオロギーが歴史のゴミ箱から拾い上げられ、「日本人の奉仕の精神がスゴイ」と称揚されつつある。低賃金・長時間労働にあえぐ一労働者としての私は「タダ働き称賛国家は、即刻滅びよ！」と呪わざるをえないのだ。

ありがたいお言葉

心の隙をつくるな

近頃は次第にさういふ馬鹿な男もすくなくなつたやうですが、一時よく電車の中などで、若い女性にいたづらをする男がありました。気の弱い女学生などは、そのために学校へ通ふのを厭がるやうなことさへあると聞いてゐました。神聖な大学の学生でありながら、又、立派な紳士の仮面を冠《かぶ》つて、さういふ下劣きはまるいたづらをする男子には、大いに反省を促さねばならないと思ひますが、また、一面、さういふいたづらをされる若い女性にも、それだけの手落がなかつたとはいへないでせうか。（略）如何に身動きのならぬ満員電車などの中であらうとも、そのやうないたづらをされるのは、やはり女性の方にもそれだけの隙があつて、その隙につけこまれたのだと思ひます。（一一七ページ）

「働く女性向け」の本ということで、出退勤時の女性の心得を説教している部分である。二十一世紀の現代でも猖獗《しょうけつ》を極める「痴漢されるのは女も悪い」論は、七十数年前から繰り返されてきたものだったようだ。ともあれ、女性にどんなに隙があろうと、痴漢は百パーセント痴漢するやつが悪いに決まっている。まったく話にならない謬論だと断じたい。

金銭のために働くのは、金銭の奴隷にすぎないいやしい根性

上野摠一『み国のために働く小産業戦士の道しるべ』
（黒髪社、一九四三年〈昭和十八年〉）

日中戦争が勃発して以来、政府は国家総動員法のもと各種の勅令を発して労働力の戦略的配置を図ったが、「大東亜戦争」開始を前にさらなる労働統制を確立する必要に迫られた。一九四一年（昭和十六年）十二月八日（真珠湾攻撃の日）、従来の従業者移動防止令と青少年雇入制限令を廃止して、新たに労務調整令を制定・公布した。

労務調整令で定められた事項のうち、若年労働者の主要かつ潤沢な供給源として位置づけられていた国民学校初等科修了者（現在の小学六年生にあたる）、あるいは高等科修了者（現在の中学二年生）については、修了後二年間は国民職業指導所の紹介によらなければ雇い入れも就職もできないとされた（第六条）。

就職氷河期を体験している私のような世代からみると、義務教育を終えての就職活動を国営の機関がすべて面倒を見てくれるなんて大そう気前がいいなどと思ってしまうが、実はまったく逆で、この条文は「求職する子どもが自由に職業を選ぶことは許さん、新卒後二年間は国家の労働配置計画に厳しくしばりつける」という点にその内容の本質が

ある。

労務調整令が公布される数カ月前の新聞記事には、国民学校修了者数について次のような皮算用がおこなわれている。

国民学校の卒業生は概略二百五十万人といはれてゐますが、その内百五十万人は上級学校に進む残り百万人のうち約六割が例年通り家事に従事するものとみると就職希望児童数は約四十万人前後の勘定になります。昨十五年度時局産業に配置されたのが約三十五万人ほどでした。上級学校へ進んだ児童のうち、中等学校卒業生の就職するものを百五十万人の五分の一と押へても三十万人となり合計約七十万人近くの動員は出来さうに思はれます。これに家事に従事する六十万の児童のうちからも若干の動員は可能でせう。これら児童の新鮮なる労働力こそ実に労務動員の中核をなすものといへませう。(「大阪朝日新聞」一九四一年九月二十二日付)

まさに「新鮮なる労働力」という名の児童・青少年の労働力が、国家的労務動員計画ではどれだけ期待されていたのかが伝わってくる書きぶりである。

国民学校修了者だけで概算四十万の人間が、国営職業紹介所によって重要産業に投入される。したがって、未熟練労働者が一気に増大するということになる。この事態にあ

たって、若年労働者を雇用する各企業の労務担当者向けに教育マニュアルや寮運営に関する書籍・雑誌記事が多数出版されただけでなく、初めて職場に入る少年・少女向けの自己啓発本もまた盛んに出版されていた。

　こうした少年・少女たちを「小産業戦士」と称揚したのが、上野揔一『み国のために働く小産業戦士の道しるべ』だ。

　著者の上野は富士通信機製造（現在の富士通）の勤労課長で、長年にわたって青少年工員の教育にあたってきた人物だ。この本では、新たに工場に配属された少年・少女向けに、工場とはどんなところか、どんな仕事をするのか、寄宿舎ではどんな生活なのか、賃金とはどういうものか、そして産業報国会とは何か――など、若年工員としての基礎知識を「やさしく」説いていて、職業教育を謳った本としても丁寧な作りになっている。

　とはいえ、日本型総力戦体制下の新人教育はやはりすさまじいものがある。同書第一章「日本人はみんな働け」のタイトルからしてかなりキテいる。なかでも勤労の意義を説いた「尊い「働き」」節は、企業人の側から日本勤労観を説いたものとして興味深い。上野はいう。

国家の計画に基いて職につくといふ今日では「働く」意味が、従って全く変ったのであります。むかし、働くといへば、一身一家、栄達のためと心得へたのですが、今日では、そうでなく、働くのは国家のためであります。喰べるに困らないからといって安閑としたり、外聞が悪いからといって引込み思案をすることは許さるべきことではありません。（二二ページ）

国家による労働力の計画的な配分によって「働く」意味が変わったという世界観が披瀝されているが、「働くのは国家のためであります」というのならば、僕たち私たちの給料はどうなるのかと、当時の少年・少女諸君にはツッコんでほしかった。というのも、これに続いて上野課長はすごいことを書いているからだ。

写真11　「日本人はみんな働け」章の扉

働といふ字は人偏《にんべん》に動くと書きます。人が人として動くのが働くのですが、ただ食ふために働くの

なら動物も同様です。金銭のために働くといふのなら、それは金銭の奴隷に過ぎない賤しい根性です。（二二ページ）

「働」という字は……と、文字の作りから道徳めいたことを講釈し、そこから日本的勤労観を称揚するあまり、資本主義の賃金労働システムを「ただ食ふために働くのなら動物も同様」「金銭の奴隷」などと口をきわめて罵っているのには驚かされるばかりだ。これまでは労働者を「動物も同様」「金銭の奴隷」として自ら扱ってきたことを、はからずも暴露する格好になっている。

革命が起こって労働者国家が樹立されたというのならまだしも、営利企業という資本の性格は変わらないにもかかわらず、生産計画が国家統制のもとに置かれたからといって「働く」意味まで変わったのだと説教するのは誠に片腹痛いかぎりなのである。

働くことを「仕事する」とも云ひますが、しごとといふ言葉は為す業、即ち業務を意味するのであつて、仕は社会奉仕の仕であり、事は臣事《しんじ》の事であつて君に仕へることであります。即ち仕事とは、奉公であるわけです。働くことが奉公であるならば、金銭のためでは断じてない筈です。（二二一二三ページ）

こうして持ち出されるのが「奉公」の理念なのだが、きわめて不可解な論理が開陳されている。「仕事」とは「君に仕える」ことデアル。したがって「仕事」とは「奉公」デアル、「奉公」なので「金銭のためでは断じてない」のデアルとする論法だ。この論理の第一段階をなす「仕事」の分解は、しかしあくまでも言葉の分解にすぎず、この本を読む少年・少女たちが直面する「仕事」の現実的な内容とは何ら関係がない。「仕事」という言葉を分解して、一文字ずつ恣意的に解釈してみせることをもって論証にかえるというのは、自己啓発セミナーでもよくある屁理屈ではある。

わたくし達は国のため、社会のために働くのであります。めい〳〵がそれ〳〵勝手に働くのではなく喜んで国家の最も必要なところに働くことでなければならぬのであります。国家総力戦下の国民はこの心から出発しなければならないと思ひます。そして働くことによつて、軍需品をつくり、やがては国家の繁栄に貢献することを思へば、自らそこに大きな衿《ほこり》と歓《よろこび》が生まれてくる筈です。（一二三ページ）

そもそも労働者の労働が「奉公」だとすれば、雇用する側の企業はどうなのだ。戦時期の生産を「お国のため」といいなしても、「金銭のためでは断じてない」のならば、例えば軍に納める富士通信機製造の通信機の見積もりには原材料費のほかに工賃や利益分は含まれていないのか。そんなことはないだろう。資材、資金のほか労務調整令のような労働力の優先的配分、そして補助金や損失補償によって「奉公」どころか国家に手厚く支えられていたのが当時の企業の実の姿ではなかったか。戦争末期には企業自身もまるごと「徴用」されるという形式をとったとはいえ、「奉公」とは名ばかりで儲けるところはがっちり儲けていたのである。

平時にはもちろん、戦時にはことさらに、企業が経営理念として「社会への奉仕」「国家への奉公」を掲げるのはもはや見慣れた風景ではある。しかしテメエの会社は慈善事業なのか！と言いたくなるような欺瞞をその理念のなかにはらんではいないか。賃金労働者の労働までも「奉公」扱いされるなら、たいそうひでえことになるというのは、二十一世紀の日本ではほぼ常識となりつつある、はずなのだが。

「お国のため」は「自分のため」

笠原正江『働く婦人の生活設計』（〈勤労青年文化叢書〉、東洋書館、一九四二年〈昭和十七年〉）

著者・笠原正江のプロフィールは残念ながらよくわからない。社会民衆党傘下の無産婦人団体・社会民衆婦人同盟に初期からかかわり、下関地域さらに満洲・大連地域の婦人労働組合オルグとして活動した記録（一九三一年〈昭和六年〉）が同団体の機関紙「民衆婦人」に残っていた。

『働く婦人の生活設計』は、戦争前より広範に社会進出するようになった女性たちに向けて、働きながらどのように生活を組み立てていくかを書いた自己啓発本である。著者によれば、「職場」とは、工場や事業所にとどまらず、主婦もまた家庭という「職場」で働く女性だということのようだ。そのため、「生活設計」指南の領域も、衣食住から家計簿までの「物の生活」と、「心の生活」としての礼儀作法や動作、さらにそれぞれの労力の費やし方、時間配分の仕方など生活全般にまで及んでいる。そして最後に「女性の本質」を説いて締めくくるという構成になっている。

ある意味では、実家や家庭から離れた「自立した女性」が（一人でも）きちんと生活できるようにするためのマニュアルとしての役目を果たしていて、当時の女性が置かれた状況から考えると、必要に迫られてという側面があるとはいえ、この本は画期的なものだった。ちなみに、一九四二年（昭和十七年）から四三年にかけては『働く女性の食生活』（近藤とし子、協和書房、一九四二年）など、下宿で一人暮らしをする女性向けの生活本はそれなりの数が出版されている。

ここで特筆すべきは、これまでみてきた評論家や企業の労務担当が説く「日本的勤労ていることだ。

笠原は「働くこと」の目的として、「御国のために」「生計のために」「錬成のために」の三つを挙げる。このうち最後の「錬成のために」は、労働のなかで人格や能力を高めていくという意味で、ごく短くしか触れられていない一方、「御国のために」と「生計のために」についてはその両者が分かちがたく結び付いていることを、紙幅を割いて論じている。

誰でも「御国のために」といふことをよく口にはいたしますが、その「御国」とは一体どういふものでせう。「御国」とは「すめらみくに」のことであり、「すめらみくに」といひますのは、大変おそれ多い神秘さを持つてゐて、それは私たち民族の伝統的な血のみのよく理解する事がらで、なか〳〵言葉には尽せませんが、極くわかりやすく平たく申しますと、私たち、日本民族どほしがつくり合つてゐる「集団」です。この「集団」は高天原の天照大御神から引きつゞき御代々の天子様を中心に「日本民族」といふ血のつながつたものどほしでつくつてゐるものです。それは、天子様を頂点にいたゞいてピラミツド型に拡がつた大きい「家族」のことでもあります。そしてその頂点の天子様の大稜威《みいづ》と御統御とは、ピラミツドのどこの隅

にもあまねく滲み透つてゐて、私たち一人一人の生命と力との真実の源となつてゐます。（一八―一九ページ）

建国神話に基づく神がかり日本国家論といってしまえばそれまでだが、日本という国が天子様＝天皇を頂点とするピラミッド構造をなす国体であることを述べている。その際に、「日本民族どほし」「血のつながつたものどほし」と強調しているように、日本国民が集団を「つくり合つてゐる」ということを家族的あるいは血族的結合のイメージで表現しているところが興味深い。このように丁寧に論じるのも、このピラミッドを「炭俵を積みあげたようなもの」と例えることで、意味をもってくる。

もつとやさしくいひますと、例へばこゝに沢山の炭俵を積みあげたといたしませう。一番下が五俵、次が四俵、次が三俵、次が二俵、一番上が一俵で丁度ピラミツド型になりました。それは見たところ、いかにもどつしりしてゐますが、しかし、これを一俵でも引き抜きますと、そのあたりが、ぐさりと凹んで、わけなく型が崩れます。

私たち日本民族の「集団」もまた同様です。（一九ページ）

炭俵のピラミッドは一カ所を引き抜けば全体が崩れる。日本人は一億の俵で作ったピラミッドのようなもので、一俵が崩れてしまうと全体が崩れてしまう、というのである。途中を抜くから悪いのであって、頂上の俵から抜いていけば全体は崩れないはずなのだが、著者はそのことについては口をつぐんでいる。

ともあれ、読者である働く女性は、この民族の炭俵ピラミッドの（下のほうの）一俵であることを、著者は強く印象づけるのだ。

そのうえで、炭俵ピラミッド国家の国民はこのように心得るべきだと書く。

どれほど山が大きくても、その山は、一俵一俵の炭俵が重なり合つたものですから、どのやうな片隅が崩れても、直ぐ全体に影響して、すつかり山がゆがみます。山全体がゆがんでくると、おたがひに重なり合つて、その山をつくつてゐる炭俵の一俵一俵も、そのままにはすみません。やはり山のゆがみにつれて、それ相応に型がくづれるわけです。

ですから、「集団」の生活では、その「集団」が正しくなければ、その中にゐる一人一人も正しいものにはなれません。

さうした意味から考へますと、「御国のために」働くことは、結局「自分のために」働くことにもなりませう。（一九－二〇ページ）

あざやか！と思わず感嘆してしまうほどの屁理屈だ。炭俵ピラミッドの比喩がここで十全に生かされている。一つひとつの炭俵はピラミッド全体と運命共同体の関係にあり、全体がゆがめば個々の炭俵もゆがみ、一つの炭俵がゆがめば全体もゆがむ。そこから、「御国」を正しくすることで「自分」もまた正しくなる。したがって、「御国のために」働くことは、結局「自分のために」働くこととナノダと結論づけるのである。

これまでみてきた「日本的勤労観」では、労働＝勤労とは天皇（＝国家）に対する臣民としての一方的な奉仕・奉公だと論じられていた。かつては無産婦人運動を担っていた笠原だけあって、前近代的な奉公論に比べれば、より合理的かつ近代的な「国家への奉仕」を説いているといえる。神がかり的建国神話を援用しているとはいえ、国家を構成する一員である国民としての自覚を促しながら、国家的＝全体的利害と労働者個々人の個別的利害とは統一されているのだと説く。したがって、国家のため＝自分のため、という論理がここでは形成されている。さすがである。

この理屈は、現在も「労使運命共同体」といった右派的な労働組合運動の思想的な中心軸として活用されている。また、国家は国民のためにあるのだから国民は国家のために何ができるか考えよ——といった陳腐な「愛国心」として、いまなお現役で作動しているのだ。

もちろん、現実の国家は炭俵ピラミッドではない。底辺の一俵がどうなろうが毫もゆらぎはしない。それどころか、絶えず「おまえの代わりはいくらでもいる」と、個々の炭俵を自らの都合がいい形にゆがめることで成り立っているものである。

「私有財産制度ヲ否認スルコト」(治安維持法第一条)を禁止しなければならなかったことから明らかなように、わが大日本帝国は私有財産制度に基づく諸階級に分裂した社会なのであって、その階級的な対立は「天子様の大稜威」によっても解消されるものではない。

その対立は、働く女性たちが投入される職場=直接的生産過程であらわとなる。しかし、国家のためＨ自分のためという観念を付与することによって、あたかも「自分のため」であるかのように身を粉にして一生懸命「御国のために」働かせる――これが、「お国のため」=「自分のため」というイデオロギーの効能なのである。

結局のところ、その道具立てには工夫があるとはいえ、笠原の理屈もまた「奉仕」「奉公」の強要に帰結するものなのだった。

神国日本の有給休暇

全国産業団体連合会編『勤労管理研究』（大日本産業報国会、一九四二年〈昭和十七年〉）

なかなか取得できないことで有名で、職場によってはその実在が疑われるところもあるという日本の「年次有給休暇」（年休）だが、世界的にみると有給休暇制度は一九一九年の第一回国際労働機関（ＩＬＯ）総会で議題にのぼり、第一次世界大戦後の各国で導入が進められた。その後、三六年に締結されたＩＬＯ「年次有給休暇に関する条約（五十二号）」で「本条約の適用を受くる一切の者は、一年の継続勤務の後は少くとも六労働日の年次有給休暇を受くる権利を有す」と定められた。しかし、わが大日本帝国は同条約を批准していない。

この一九三六年ＩＬＯ総会を前にして、経営側の連合団体だった全国産業団体連合会は「第十九回国際労働総会の議題　有給休暇制問題」（一九三五年〈昭和十年〉）という小冊子を刊行している。これは、ＩＬＯが出した有給休暇制度についてのレポートを和訳したもので、付録として、当時の日本企業の有給休暇制度実施状況が掲載されている。

それによると、主要工場、鉱山その他の事務所二百二十四社のうち、職員（＝ホワイトカラー）については四十九社が制度を導入していて、日数は年間十日から十四日間が最も多く五七パーセントを占めていた。このなかでも会社内の職階によって、支配人レベルで十五日、書記には十日、雇員（平社員）には七日……といった休暇日数の差別があったという。他方、労務者（＝ブルーカラー）については、有給休暇制を導入しているのはわずかに六社で、それぞれ年間五日から八日が認められていたにすぎなかった。

翌一九三六年（昭和十一年）の調査によれば、調査数二百五十四社のうち、職員に有給休暇を認めているのが百九十六社、労務者にも認めているのは八十五社と増加の傾向にあった。しかし、職階によって休暇日数や支給額の差別があるのは変わっていない（全国産業団体連合会「産業経済資料第三十七輯 本邦産業に於ける休日及休暇」全国産業団体連合会、一九三六年〔昭和十一年〕三月）。

当時の日本企業では職員と労務者との階級格差が厳然と存在し、また労務者の給与形態の多くが月給ではなく日給制だったことも要因として挙げられるかもしれない。ともかく、わが大日本帝国では少数の人々にしか「有給休暇」は与えられていなかったといっていいだろう。

もちろん、世界的な傾向として有給休暇制度の導入が求められていることは、企業の側も理解はしていた。また、ナチス・ドイツが政権掌握後に積極的に有給休暇を導入し、同時に労働者の余暇をも国家的に管理する政策をとっていたことについても日本で研究されていたことが、当時の財界団体の労務関連文献からうかがえる。

さて、「大東亜戦争」勃発直前の一九四一年（昭和十六年）十一月、全国産業団体連合会は大日本産業報国会との共催で勤労管理全国協議会を大阪で開催した。これは、日本の主要大企業の労務管理担当者二百数十人が参加した一大セミナーで、各企業での戦時下労務管理の実情報告がおこなわれた。内容は興味深い報告ばかりなのだが、それは別の機会に紹介するとして、ここでは「有給休暇制の確立」について述べた日本ゴム（現在のアサヒシューズ）工務部次長・大久保義男の発表についてみてみよう。

大久保はいう。

私が此処で提唱したいと言ふ有給休暇と云ふのは、ドイツのやうな大仰なものを考へた有給休暇ではありません。現在の日本精神を破壊せずに、而も現在の日本の社会組織に余り影響《しげき》させずに行きたい、而して此の非常時下に於ける勤労者の体力或は精神方面に刺戟を与へまして、勤労者の福利厚生に資したいと云ふ点でございます。（二二九ページ）

なにやら虫がよすぎるプレゼンが怪しい。「現在の日本精神を破壊せず」というくだりなど、よからぬことを考えている雰囲気が満ち満ちている。

現在賃金統制令の中に、一箇月の皆勤者には二日を越えざる程度に於て褒賞して宜しいといふ規定がございます。併し国民皆勤と云ふ問題が盛に叫ばれて居る今日、物をやって皆勤させると云ふのでは余りに手温(ママ)い。(二一九ページ)

「物をやって皆勤させると云ふのでは余りに手温《ぬる》い」とは、労務担当ならではの目線である。大久保は日本的な有給休暇として、「一年を四期に分ちまして、三箇月の皆勤者に対して一日の有給休暇をやったらどうかと云ふ案でございます」という。その理由として、「勤労の名誉、それから歓喜と云ふものを与へさせる為に此の有給休暇の方法を採り、更に三箇月皆勤した者には四大節或は其の他の国家の祝祭日を利用し、其の日には公休をやると同時に給与」を与えるという構想らしい。

有給休暇を与えるのは「勤労の名誉」「歓喜」を感じさせるためというのだから、恐れ入るばかりである。ILOはもちろん、労働者に休養をとらせるなんてまったくカンケーねえという感じである。そもそも休日として指定するのが「国家の祝祭日」とされているということは、当時その日は休みではなかったことを示している。国家を意識させる日をチョイスしたところに、大久保のアイデアがあった。

さうしてそれを指導するには神社を参拝させ、更に其の後に於て娯楽機関等の優先的解放、或はそれらを半額で観させると云ふやうな方法を採ることは、日本精神を破壊せず、而も又現在の日本の社会組織に余り影響させずに実行出来る方法ではないかと斯う考へる次第でございます。（二一九―二二〇ページ）

有給休暇は、日本精神にふさわしい勤労観を体得させるためのものであり、そのために休日を国家的祝祭日に充てるばかりでなく、その休日でさえも「神社参拝」の奨励などを企業の労務管理担当がプログラムする。……なんというディストピア。

年次有給休暇制度が法的に労働者の権利として確立したのは、敗戦後の一九四七年（昭和二十二年）に定められた労働基準法からである。敗戦前のそれは、皆勤を奨励する企業の労務政策の一環であり、同時にかの「日本的勤労観」養成のツールとしても構想されていたのだった。

神国日本の有給休暇は、恐るべきものだった。

勤労青少年の「不良」がスゴイ

大日本産業報国会編『産業青少年不良化防止対策』
（翼賛図書刊行会、一九四三年〔昭和十八年〕）

厚生省労働局／職業局編「徴用工員錬成記録」
（重要事業場労務管理研究部会、一九四二年〔昭和十七年〕九月）

これまでみてきたように、「大東亜戦争」開戦を前後して、軍需産業を筆頭とする重要産業に若年労働力が計画的に割り振られ、若年労働者が激増した。従来であれば企業ごとに採用試験をおこない、能力ある青少年だけを選り分けてきたのだが、国家が労働者を割り当てるようになったため、企業の側で採否を決めることはほとんどできなくなってしまった。そのため、男女問わず産業青少年の「不良化」が重大な問題として浮上してきた。

この事態を受けて、政府は一九四三年（昭和十八年）一月二十日に「勤労青少年輔導緊急対策要綱」を閣議決定するにいたる。この要綱の「目標」には次のようにあった。

国力の基幹たる勤労青少年の不良化傾向の増大に鑑み一般勤労青少年に対する輔導を徹底して其の不良を未然に防止すると共に不良化せる勤労青少年に対する教化錬

成を充実して之を健全なる勤労青少年に指導育成するものとす（原文のカタカナはひらがなに改めた）

事態は深刻だった。この「要綱」の閣議決定に先立つ一九四二年（昭和十七年）九月、厚生省・内務省・司法省・警視庁などの担当者と大日本産業報国会中央本部が合同で産業青少年輔導協議会を開催し、産業青少年の不良化問題について意見交換をおこなっている。その速記録をまとめたものが、大日本産業報国会編『産業青少年不良化防止対策』なる小冊子だ。

ここで紹介されている不良青少年諸君の「不良」ぶりがハンパなものではないので、「日本スゴイ」記憶遺産として認定してもらいたいほどなのだ。

まずは概況を数字でみてみよう。警視庁防犯課からの報告によれば、

少年犯罪の検挙件数

昭和十二年度（一九三七年度）　五千五百二十九件
昭和十三年度（一九三八年度）　五千五十八件
昭和十四年度（一九三九年度）　四千七百四十四件
昭和十五年度（一九四〇年度）　八千三件

昭和十六年度（一九四一年度）　八千五百十八件

不良行為（未成年者の喫煙、飲酒、泥酔徘徊、喧嘩闘争、凶器所持）の検挙件数

昭和十二年度（一九三七年度）　七百六十九件

昭和十三年度（一九三八年度）　千五百六十六件

昭和十四年度（一九三九年度）　六千七百四十四件

昭和十五年度（一九四〇年度）　一万千二百六十四件

昭和十六年度（一九四一年度）　八千二十三件（六―七ページ）

となっている。まさに「激増する少年犯罪」なのだが、実際に不良化する青少年が増えたということだけでなく、戦時下の社会で盛り場や私娼街、遊郭、映画館、カフェーなどに出入りする青少年に対する監視が厳しくなったという事情も念頭に置いておく必要はあるだろう。

犯罪の内容をみてみると、第一位を「窃盗」が占め、恐喝、賭博、暴行傷害、猥褻、横領、詐欺、贓物《ぞうぶつ》の罪（盗品故買）、傷害致死、住居侵入、婦女誘拐、殺人と続く。不良行為だけでみると、喫煙、飲酒のほかに、仕事をサボって盛り場を徘徊（これで検挙されるのが驚きだが）、泥酔徘徊、喧嘩口論、凶器所持、さらに婦女を追尾したりいたず

らしたりする行為などが含まれているという。

「大東亜戦争」勃発以後に激増した青少年の犯罪は、「窃盗、横領、詐欺という財産犯罪」と、工員による「工具の持ち出し、友人の所持品を盗んだり借りたりして、それを入質したり売却したりする者、其の次には暴行、傷害致死、恐喝といふやうな殺伐な犯罪が増加して居ります」——というのだから、戦時下日本はコワイよ。

しかし、そんなところでビビっている場合ではない。ここにも挙げられている「凶器所持」の中身には驚愕してしまう。

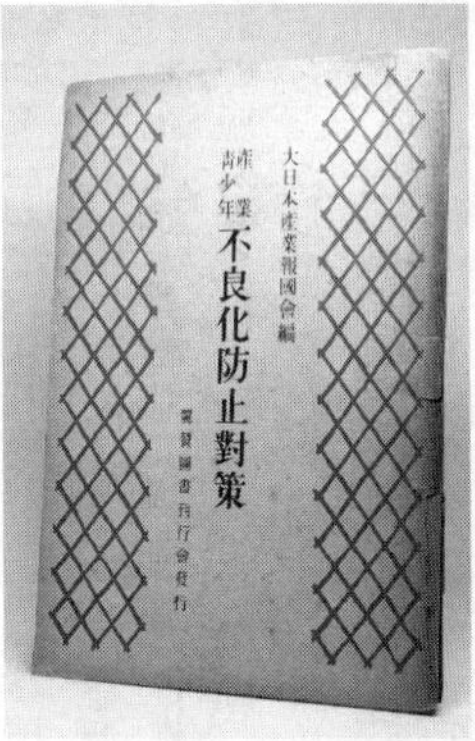

> 少年工方面に於きましては自製凶器、例へば工場の鑢《やすり》の屑とか、バイトの屑を利用して匕首《あいくち》様の凶器を作ったり、メリケンサックを作ったり、角の生えた指環を作つて持つといふやうな者が増加致しました。
> （九ページ）

日本のものづくりの伝統がこんなところに生きていたんですね。少年工ならではの環境を生かして、職場の機械を使って匕首やメリケンサックを作ってしまうほどの高度な技術力を身につけていた、さすがです――という「日本スゴイ」番組のレポーター風感慨を抱くほどなのだった。

財産犯罪の方面では、工場の資材や備品をくすねる事例も圧倒的に多かったようだ。この産業青少年輔導協議会で報告した厚生省能率課・三井技師によれば、自分が借りてきちんとしまっておいた工具を何者かに盗まれると、「今度は自分も人のを盗ってやらうといふ気持が出て来る。そんなことから不良化して行く。是が段々度重なると窃盗を増長して行くことになる」と嘆いていた。

これは軍隊内での「員数合わせ」（装備や衣類を兵営内で盗まれ、点検に際して紛失がわかると重大な制裁が加えられるため、盗まれたものを他人から盗んで数を合わせる）と全く同じである。「浜の真砂は尽きるとも世に盗人の種は尽きまじ」と昔の人は言ったようだが、その美しい伝統は戦時下日本でしっかりと受け継がれていたのだった。

これまでみてきたような産業青少年の不良化について、関係各省庁の役人や産業報国会関係者がその原因を「生まれついての盗癖」「工場と寮が離れているため、通勤途中の買い食いで道を踏みはずす」「寮母・寮監の愛情不足」などと議論しているが、いずれも彼らが「不良」と見なした青少年労働者諸個人の事情へと問題を押し付けるものだった。

寺崎昌男・戦時下教育研究会編『総力戦体制と教育――皇国民「錬成」の理念と実践』（東京大学出版会、一九八七年）第四章第三節「労働者」（井澤直也執筆）では、食糧の不足、賃金への不満、福利厚生施設の不満、徴用工に対する差別待遇に対する不満、職場配置と処遇に対する不満を、徴用工たちは「欠勤、徴用回避、職場における怠業、不良化」によって表明したと指摘している。

しかしこれに対して鳥居和代『青少年の逸脱をめぐる教育史――「処罰」と「教育」の関係』（不二出版、二〇〇六年）では、「軍需産業方面においては熟練工の払底と未成年労働者の増加が著しく、従来の研究で指摘されてきたように、青少年工の現金収入の増大と遊興・娯楽への傾斜、あるいは労働・生活条件の劣悪化や大人の教育的力量の低下といった状況のもと「不良化」と呼ぶにふさわしい事態が生じていたことは否定できない。しかし、何を「良」として何を「不良」とするかという政府・司法当局あるいは工場事業場主の判断には多分に恣意的な要素が含まれざるを得ないと考えられる。だとするならば、「不良化」したとされる客体の側だけでなく「不良化」したと判断する主体の側がまずは問われなければならない」と、青少年労働者の逸脱を「不良化」と見なす側をこそ問題にするべきことが提起されている。

これらの指摘をふまえながら、勤労青少年「不良化」問題は社会科学的に考察される必要があると思われるが、本章ではそこまで立ち入ることはできない。

不良少年の更生は錬成道場へ

一九四三年（昭和十八年）一月二十日に閣議決定された「勤労青少年輔導緊急対策要綱」に基づく厚生省の「実施要綱」では、「事業主、工場長、産報青年隊長、青年学校長、舎監其の他の輔導関係者を以て輔導委員会を設くること」（原文のカタカナはひらがなに改めた）を筆頭として、「身上調書の整備」「家庭との連絡強化」「寄宿舎管理の徹底」「健全読書の指導」などが列挙されている。そのなかでも「不良勤労青少年に対する輔導」としては、「工場事業場に於ける特別錬成の実施」が掲げられ、

（イ）工場事業場に於ては不良化の傾向ある勤労青少年を錬成する為勤労青少年特別錬成計画を定め地方長官に届け出づること

（ロ）特別錬成は錬成道場又は寄宿舎に収容して概ね一週間以上之を行ふものとすること

（ハ）特別錬成に付ては道府県同産報等に於て積極的に指導すること

（ニ）錬成修了者の取扱に付ては工場事業場に於て特に考慮を払ふこと

（藤井英男『勤労青少年の不良化とその対策』立命館出版部、一九四三年〔昭和十八年〕、三一四ページ）

という「特別錬成」をおこなうように求めている。名前の響きからしてかなり厳しいタイプの受験予備校夏休み特別講習のようなおっかなさが漂う。実はこの「特別錬成」構想は、一九四二年（昭和十七年）の段階ですでに大手企業で取り組まれていたものだった。

厚生省労働局・職業局が作成し「秘」の指定がされた小冊子『徴用工員錬成記録』には、中島飛行機武蔵野製作所（現在のスバルの前身の一つ）でおこなわれた「徴用工員特別錬成」の記録が報告されていた。

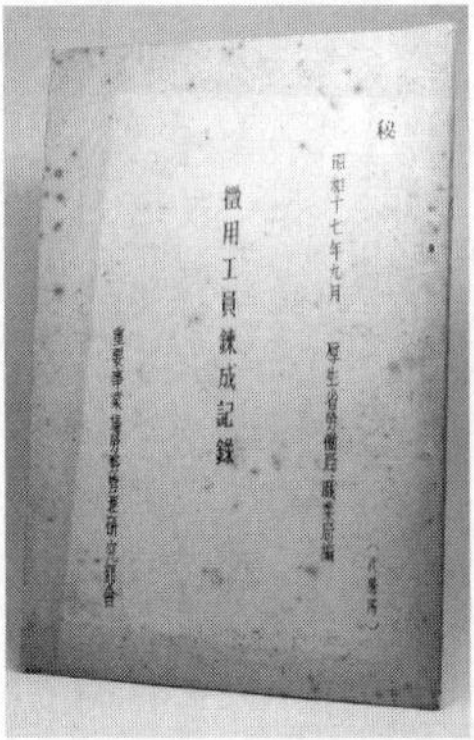

同製作所の村松教育係長によれば、「特別錬成」発足の契機は次のような現実だった。

> 然るに多数従業員中には永年に亘る怠惰の習性より抜け切れず、殊に昨年末頃〔昭和十六年十二月、「労務調整令」以降：引用者注〕より入職したる一部工員中には転業による生活訓練の足らざる者、或は現在の業務認識を理解せざる者、或は素行修まらずして職場統制を紊《みだ》し善良なる工員に対し害をなす者がある

日割		午前	午後	夜	備考
第一日	十三日	開會式（午前十時）	諸準備	童心行、拜神行	
第二日	十四日	修養	勤勞作業	仝	
第三日	十五日	修養	仝	仝	
第四日	十六日	參拜行進		仝	
第五日	十七日	修養	勤勞作業	茶話會、拜神行	
第六日	十八日	修養	仝	仝	
第七日	十九日	閉會式（午前十時）			

図7　１週間にわたる「特別錬成」プログラム

ので平素の修養会とは全然別個に計画し所謂〝不良〟と呼ばれて居る各職場の札付連中を一括して錬成講習を開催し集団的に或は個々的に教導して正道に立たしめようと実施されたのである。（六―七ページ）

「各職場の札付連中を一括して」という表現にあるように、各職場・工程の厄介者を「一括して」なんとか一掃したいという資本としての焦りが伝わってくる。

この特別錬成は一週間にわたる合宿で、錬成の指導は「修養団」（人材育成・企業研修なども請け負う教化団体で、戦前から現在まで労使協調や勤倹努力を教育する。日本会議の前身である「日本を守る会」に中心的団体の一つとして参加）にまかされることになった。一週間のプログラムは図7のようなものだったが、「修養」の時間では修養団の講師による講話がおこなわれた。その内容は、

神国日本より説き起し、惟神の国体の本義を解り易く然も正しく把握出来て正しき日本と言ふ国家観念を確立し、皇国臣民としての認識解明に自覚せしむる様終始一貫、順序を立て、説いたのである。（八ページ）

というものだった。不良勤労青少年の「輔導」のために、神国日本の国家観念の確立から入るというのはまさに王道で、当時はもちろん二十一世紀の日本でも、残念ながら珍しいものではない。青少年の根性を叩き直すためには、神国日本やら天皇やらを持ち出し、また伝統そのほか恣意的にチョイスされた「崇高」な感じがする価値体系の前にひれ伏させることがいちばんだと思っている人々は後を絶たない。

ともあれ、こうした「特別錬成」の受講を命じられた不良諸君のリアクションはさまざまだった。

自分は不良ではないからそんな講習会に出席するのは嫌だと駄々をこねた者、どう

せ講習会なんて下らないものだが警察の飯を食ふよりはましだから出てやろう。変なことでもしたら講習会で一つ暴れてやらうと云う様な気持を持って居る者、又突然呼出により長く休んでゐて今日出頭してみると修養道場へ行くのだと言はれて集つたが一体どんなことをされるのか、一週間と言へば随分長いしその間罐詰《かんづめ》にされてギューギュー非道い目に会はされることだらうと内心非常に心配して居る者等々実に千差万別の心理状態で工場前に整列した時、不愉快な重苦しい空気が見られた（一二ページ）

……当たり前ですよね。この青少年たちの反応には誠に同情を禁じえない。ほかの工場の事例をみると、「不良」諸君を「特別錬成」に連れていくまでが大きな問題だったようだ。というのも、「なぜ自分が選別されたのか？」と誰しも思うに決まっているわけで、会社側から「不良」の烙印を押されることで自暴自棄になったり、周囲に逆に悪い影響を及ぼすなどの場合があるので、細心の注意を払うべきだと別の錬成担当者が書いている。そのため、各職場から特定の人物だけを選別するのではなく、「不良」諸君に模範工員を織り交ぜて連れていったりするなどの工夫が凝らされたらしい。

さて、この「不良」諸君が「特別錬成」を受けて三日目には、「だんだん穏やかな目付と変り何か話しても笑ひが出て来る様になり歌を歌はせても非常に元気のよい朗らか味を帯びた声が出るやうになつて来た」と村松係長は書いている。四日目に彼らを明治神宮参拝に連れ出したときには「玉砂利を踏んで神宮大前に至る間の歩武堂々の行進の虔《つつま》しさ、之が武蔵野に於いて一際名だたる一団かとビックリする位」「自分の心が清く

写真12　東京地方産業報国連合会主催による、各企業の労務課長級を対象にした講習会の様子。1940年（昭和15年）11月12日から14日まで3日間にわたって開かれたこのセミナーの会場は警視庁の施設だった
（出典：「写真週報」第144号、内閣情報部、1940年）

魂が美しくなると何となく爽快な感が身体の上にまで滲み出て従って動作迄ががらりと変つて来る。此の気持がわれわれの日常生活に必要なのである」と、「札付連中」の変貌ぶりにさすがの村松係長も目を細めるにいたったようだ。

村松係長はこの感動的な不良勤労青少年「輔導」記録の末尾をこう締めくくっている。

こは戦ふ日本の本姿であり所謂八紘一宇に生きる肇国精神の目的ではあるまいか。

（二〇ページ）

「よい日本人」になることが同時に、「よい工員」になることと重なり合う構造にあったことがよくわかる。国家への忠誠は、国家を背景とした資本への忠誠でもあった。こうして「不良」青少年たちのささやかな反抗は、国体への帰一によってその牙を抜かれたのだ。

海外にはばたく「大東亜就活」

三平将晴『共栄圏発展案内書』（大日本海外青年会、一九四四年〔昭和十九年〕）

一九四四年（昭和十九年）版『毎日年鑑』（毎日新聞社、一九四三年）によれば、海外在留邦人人口は、関東州：百三十六万七千二百三十四人、南洋群島：十三万千百五十七人に及んだ。「すすめ一億火の玉だ」といわれる日本人のうち、実に百五十万人弱の人口が、本土から海外に進出していたことになる（『毎日年鑑』では一九四〇年（昭和十五年）十月一日の国勢調査を出典としている）。

「就活はアジアへ！」といういささか能天気な宣伝文句を数年前までよく見かけたが、いまから七十数年前も、食えない内地を捨て海外の新天地で就職・就労を希望する青年は多かった。満蒙開拓青少年義勇軍をはじめとする開拓移民が、現地で引き起こした侵略行為と敗戦後の悲劇についてはよく知られている。実はそのほかにも、こんな海外就労の途があった。

戦時下にも帝国政府は、日本青年の海外への雄飛を国家的植民地経営の礎として奨励した。その海外移住・海外就職政策の一翼を担った民間団体に、大日本海外青年会（一九三四年（昭和九年）設立）がある。この団体は毎年『海外発展案内書 南米篇・南洋篇』『ブラジル移民案内』『南洋群島移住案内』といった海外就職ガイドブックを発行していた。いずれも著者は三平将晴となっているが、この人物が何者なのかはいまとなってはわからない。ともあれ、南米・ブラジル移民の斡旋業をはじめ、海外に人間＝労働力を送り込むためのネットワークや取材力には相当の力量があったと思われる。

この団体が発行した就職ガイドのうち『共栄圏発展案内書』が、大東亜共栄圏構築に向けた帝国日本の鼻息の荒さを体現していて、なかなかに香ばしい逸品なのだ。

見よ、北に東亜の大宝庫満支大陸あり、南に秋と冬なき豊沃の楽土共栄圏大南洋あり、我等の雄飛を待つ豊土沃地豈洋々たるものならずや。

我等はこれら未開の新天地の開発に当り、アジア建設に挺身協力、以って天業を恢弘し八紘一宇の大理想の顕現に邁進、人類の大自然開発の使命を果さねばならぬ。

（序文）

『共栄圏発展案内書』は、並製本だが総ページ数四百三十四ページという大部なもので、奥付には「昭和十九年一月二十日発行」とある。その巻頭に掲げられたのが先の一節だ。満支・南洋は豊かな楽土――という植民地主義的妄想に彩られた華麗な惹句だが、外地で一旗あげるという個々人の野望と、「アジア建設」という国家的戦略とが見事に融合・一体化しているのが見て取れる。言い換えれば、外地でボロ儲けしようという私的欲望が、「八紘一宇の大理想の顕現」という大日本帝国の〝使命〟によって正当化され公認されるというカラクリなのである。もちろん当時の言説としてはありふれた決まり文句ではあるのだが、植民地争奪戦としての「大東亜戦争」の本質をあからさまに示しているともいえるだろう。

『共栄圏発展案内書』のタイトルどおり、大東亜共栄圏全域をくまなくカバーしていて、たいへん丁寧な仕上がりになっているのが特徴。取り上げられている地域は、南洋では「南洋群島、東印度、旧英領ボルネオ、マレー、フィリッピン、仏領印度支那、タイ国、ビルマ、印度、濠州（！）」と十の国と地域に及ぶ。濠州（オーストラリア）など占領はおろか上陸さえしていないにもかかわらず、いつの間にか「大東亜共栄圏」に組み込んでしまっているのが興味深い。他方、大陸では「満洲、北支、中支、南支、海南島」が紹介されている。

それぞれの地域ごとに、略史沿革、主要産業事情、主要都市、邦人団体名簿、現地に進出している日本企業一覧が掲載されているという懇切丁寧な内容だ。とりわけ、現地の邦人団体名簿や進出企業リストは、当時の日本企業が現地でどんな商売を営んでいたのかがうかがえるたいへん貴重な資料でもある。

渡航者の認可は陸軍が握っていた

ところで、民間人は戦時下、どうやって南洋に行ったのだろうか。同書にあるように、南洋がいくら魅惑の楽園だったとしても、時は一九四四年（昭和十九年）、サイパン陥落直前である。軍人・軍属ならばともかく、民間人がどうやって太平洋を渡ることができたのか。

「南方占領地への渡航方法」という章をみると、開戦以降一九四三年（昭和十八年）九月までは、タイ国・フランス領インドシナの二つの「外国」を除く南方占領地域への民間人渡航については、陸軍がいっさいの銓衡《せんこう》・認可の業務を担っていたようだ。軍政下の占領地なのだからある意味では当然とはいえ、「大東亜戦争」初期には多数の日本人が南方へ渡ったため、陸軍の事務仕事も相当に大変だったにちがいない。気が遠くなるような事態である。

この作業があまりにも大変だったせいか、一九四三年（昭和十八年）九月以降は、銓衡は大東亜省とその指定団体（海外移住者組合、南洋協会、馬来協会、海外同胞中央会など）がおこない、そのあとに陸軍が認可するという形式に変わった。軍要員・軍属もしくは現地企業に就職した者、現地に居住している者以外の一般渡航者は、そう簡単には渡航が認可されなかった。いずれにしても、「狭い日本は住み飽きた、一丁ひと旗あげてやるか」といった思い付きだけで飛び出すというわけにはいかなかったようである。

雄飛青年の就職相談

同書で興味深いのは、「南方進出案内篇」と題された章で、南洋での就職を望む青年たちの質問投書に編集部が答える欄がある。悩める青年の投書をいくつか抜き出してみよう。

【問】二十六歳の農村青年、ボルネオも護謨園に発展希望であります。邦人ゴム事業会社等をお知らせ下さい。

【問】商家の三男、本年商業学校卒十九歳ですが比律賓の貿易会社に発展希望ですが邦人の貿易商社をお知らせ下さい。

農村青年や商家の三男が、実家の田畑や家業を継ぐこともままならず、海外雄飛をもくろむにいたった境遇を思うと泣けてくるものがある。植民地とは、このように本国で食いっぱぐれた人を吸収するフロンティアでもあったわけだ。文中の「発展希望」とは、最近では「出会い系」掲示板でしかお目にかからない言葉だが、ここでは「立身出世」の意か。

【問】高女〔高等女学校：引用者注〕卒二十歳の女性、南方の邦人銀行会社の女事務員を希望してゐますがどんな方法が宜敷いでせうか。

【問】女学校卒後、邦、欧文タイピスト修業したものですが南洋の会社に就職したいと存じますご指導下さいませ。

若い女性が単身で海外に就職口を求めることは、いまでは珍しくもなんともないことだが、当時はどうだったのだろうか。「からゆきさん」の昔から苦界に売られていった女性たちの歴史はあったとはいえ、今風にいえば事務一般職にありつくために海外に出ていくというのは、結構度胸がいることではなかっただろうか。

しかしよく考えてみると、南方とはいえ「いずれ日本の指導のもとで大東亜共栄圏となる」という理解が当時の常識でもあったはずで、すでに邦人企業もその多くが進出していることもあり、「外国に出ていく」といった感じではなかったのかもしれない。しかも本土で就職するよりは、圧倒的に高収入が見込めることもあったにちがいない。というのも、

【問】女学校卒の女性、南方に働く邦人にお嫁に行きたいですが斡旋機関をお知らせ下さい。

という投書もあったほどだから、やはり南方に行けば日本人なら生活がよりよくなると思っていたのだろう。それにしても、「南方で働く邦人」が結婚の基準というのだから

驚きである。「南方版」玉の輿を狙ったともいえるかもしれない。この投書に対する答えがふるっている。

【答】日本男子の進む処、これ亦大和撫子の新天地です。（略）これからの女性は大いに大陸なり南方なりに進出して結婚下さい。結婚の斡旋機関には東京市麴町区大手町野村ビル内海外同胞中央会婦人部があって海外の邦人から花嫁の申込みを受けたり、海外邦人への花嫁の御世話を無料で取り扱ひしてゐて今まで結婚された方も少くありません。

帝国主義なるものは、植民者の結婚だけでなく、植民地で活躍するような人間を狙う若い女性たちの面倒まで見なければいけないという点からみても、猛烈に大変な事業だった、といえるだろう。

写真13　無から有を生み出せと平然と要請する戦時下日本の精神がスゴイ。「私利私欲を捨てよ、一切は「お国のためだ」「戦ひに勝つためだ」」「うんと働き、うんと生産しよう」など、あけすけな勤労督励コピーが並ぶディストピア感が横溢
（出典：「写真週報」第157号〔内閣情報部、1941年〕、明治製菓の献納広告）

第5章

神がかり日本に敗戦はない

七十年前の「日本スゴイ」言説は、「神がかり」に始まり「神がかり」に終わった。最初は単に、アナクロニズムな人々のたわ言だったものが、「大東亜戦争」敗戦直前には国家神学の教義にまで高められた。それが「日本不敗」という宗教的信念をもたらすにいたり、皮肉なことにその「思想」それ自体がやがて大日本帝国を滅ぼすことになるのである。

現在の「日本スゴイ」言説もまた、たわ言から国策への道を歩み始めている。二〇一五年十月、安倍晋三首相の私的懇談会「「日本の美」総合プロジェクト懇談会」が設置された。「日本人の美意識や、自然への畏怖、礼節、忍耐といった日本人の価値観が表出した日本の文化芸術」の振興や継承、国内外へのアピールのために設置されたものだという。座長を務めた俳優の津川雅彦は、第二回会合で次のように述べている。

我々が自然を愛する心を持った多神教であること、そして、1万年以上前から今日に至るまで自然崇拝というアニミズムを続けてきた世界で唯一の国であることに起因している。今こそ、日本という国の持つ不思議とともに、奥深き日本の美を世界に提示するべき。それも、無邪気かつ狡猾な方法で提示する必要がある。異物の混在を許容する日本固有の価値観は、多様性に富む文化であるが故に、世界の平和に貢献できるはず。(「日本の美」総合プロジェクト懇談会第二回〔二〇一五年十二月十八

日」議事要旨。首相官邸公式ウェブサイトで公開されている）

これはあちこちでよくみられるタイプの日本文化論だが、その「奥深き日本の美」を提示するものとして提案されたものの一つが、アニメ「天孫降臨」の製作だという。

映画や映像は、日本の奥深さを伝達する最も効率のよいメディアであり、戦略的に活用してはいかがか。まず、「天孫降臨」をアニメ化する。日本の神話を小中学生に、世界の子供たちに、まるで我々がかつて見た孫悟空のように、「天孫降臨」を面白く見せたいと思う。

ここで「天孫降臨」が出てくるところに「日本スゴイ」の真骨頂をみることができるのだが、脱力を禁じえない。愚行は必ず繰り返されるという恐るべき歴史の法則を感じてしまう。「日本」的なるものの究極の起源を肇国神話に求める以上、「日本スゴイ」な自画自賛も、面妖な神がかり性を濃厚に刻印されるほかはないだろう。この構造は、いまや時代を超えて再生産されつつあるのだ。

大東亜皇道楽園の出現

桑原玉市『大東亜皇化の理念』（「国防科学研究叢書」第一輯）、富士書店、一九四二年（昭和十七年）

二十一世紀になっても、「大東亜戦争」は民族解放・植民地解放のための戦争だったというなんともおめでたい人々がいる。井上和彦『日本が戦ってくれて感謝しています――アジアが賞賛する日本とあの戦争』（産経新聞出版、二〇一三年）や池間哲郎『日本はなぜアジアの国々から愛されるのか』（育鵬社、二〇一三年）などをはじめ、大東亜解放戦争論は「日本スゴイ」言説の一角を形成しているほどだ。

これについては、もはや批判され尽くしているイシューでもあり正面から取り上げるのも恥ずかしい代物ではある。とはいえ、「大東亜戦争」のさなかにどのような内容で植民地「解放」が謳われていたのかをみていくと、神がかりの方向に針が振り切れたものが多く、戦後に「日本のおかげでアジアが独立した」とする論者たちが決して語らないアジア各国の民族解放闘争との乖離がいっそう浮き彫りになるのだった。

ここで、日本大学皇道学院教授だった桑原玉市（戦後、現在の福岡工業大学を創設）の講演をまとめた『大東亜皇化の理念』をみてみよう。この本を編集した国防科学研究会は、当時立命館大学学生課長だった栗田典美を委員長に、関西の大学当局や学生によって結成された組織だった。「高度国防国家建設の指導標建設」をその組織の目的として、大東亜共栄圏を支えるエリート育成のために学生向けの大東亜指導者講習会なるものを開催し、「思想国防、文化国防、経済国防、科学国防、教育国防の各領域に於てその微力を捧げて殉国精神を発揚」していた。戦争中は、大学当局がこのようなかたちで学生を組織し、戦場に送り出していたことがうかがえる。

大東亜戦争は民族解放運動である。民族解放運動なりと云ふ事は民族皇化運動であるといふことと同義語である。何となれば、大東亜の民族解放とは、単なる支那思想や欧米思想の桎梏《しっこく》から、同時に誤れる物質主義文明の苦界から、彼等を解放することである。この解放は、単なる解放にて、彼らをそのまゝに放置することを意味するのではない。彼らを従来の誤謬から解放するとは、誤謬なる思想や生活に真実の思念と生活とを与へることに他ならない。（略）かゝる思念と生活とは、皇道の哲理を措いて他にあり能はないのである。天地の公道と軌を一にする皇道原理を措いて他には絶対にあり得ない。皇道の原理を以て彼らを救ふことは、即ち彼らを皇化することである。大稜威の下に抱擁することである。（一〇一―一〇二ページ）

という理屈である。

「大東亜の民族解放」とは「民族皇化運動」であると、ここにははっきり書いてある。「皇道の原理」を諸民族が体得することによって、はじめて「解放」がもたらされると

「天皇のもとに世界が一つになる」という「八紘一宇」のスローガンが、西欧植民地からの解放を意味するという文脈で解釈されるとき、そのスローガンは「皇道の原理を以て彼らを救ふことは、即ち彼らを皇化することである。大稜威の下に抱擁することである」という、天皇崇拝の世界化を意味することになった。「皇道」は、恣意的に「真実の思念と生活」だとされ、しかもそれを「与える」と表現しているように、日本がアジアの指導国であることを前提とするエラそうな態度には驚かされるばかりである。

こうした諸民族の「皇化」が実現することによってもたらされるのが、「大東亜皇道楽園」というパラダイスだった。

大東亜圏諸民族は天孫民族による皇化の実現した時始めて、人類としての生存の光栄と幸福と繁栄とを獲得する事が出来るのである。これ即ち大東亜皇道楽園の出現である。この大東亜皇道楽園の出現こそ民族皇化運動の最終の目標であり民族解放運動の収穫であるべきであり、従って即ち大東亜戦争の目的であるのである。

（一〇二―一〇三ページ）

「皇化」によってはじめて「人類としての生存の光栄と幸福と繁栄とを獲得する事が出来るのである」とまでいうのだから、ここでもやはり「日本スゴイ」が行き着く先を垣間見ることができる。現代の「大東亜戦争でアジアは解放された」と主張する論者が口にするような民族の独立、あるいは国家としての独立なんかカンケーねぇといわんばかりである。「大東亜皇道楽園」の前では、戦後世界の常識がまったく色あせてみえる。そもそもこれは誰にとって「楽園」なのか？　それはホント「楽園」なのか？　こうした疑問が当然湧いてくるわけだが、「楽園」にいたる道程は、まさに神がかり神話によって舗装されていた。

　民族皇化とは彼ら民族に対する天岩戸開きである訳で、即ち大東亜圏への天照大御神の御出現である。天照大御神の御出現には必らずその前に祓《はら》ひがなされ禊《みそぎ》がなされて浄めの行が行はれるといふ事は古典の記述によつて明らかである。故に天照大御神御出現が大東亜民族に対して行はれるといふからには必らず浄めの禊祓が必然であり、そのケガレが深く、酷ければそれ丈猛烈なる払浄が要請される訳で、弾丸や、爆弾や、魚雷による猛烈なる浄めの意義が十分理解出来る訳である。（一〇

三ページ）

大東亜圏へ天照大神が出現する……神様が出てくる以上、その前には浄めの行がおこなわれなければならないという理屈で、「弾丸や、爆弾や魚雷による浄め」まで無理にもほどがあるこじつけ解釈がどんどん拡大していく桑原の神話的想像力には恐れ入るばかりである。

桑原が「教授」の肩書を得ていた日本大学皇道学院は、神道思想家・今泉定助によって日本大学に設置された国士養成所だった。第一期の卒業生には児玉誉士夫がいる。大日本帝国政府の公式見解と同一ではないとはいえ、彼らのような熱烈な愛国者諸君の言説が、国家と社会をますます神がかった方向に牽引していったのだった。

大東亜戦争の神話的意義

大串兎代夫『大東亜戦争の意義』
（「教学叢書」第十二輯〕、文部省教学局、一九四二年〔昭和十七年〕）

大串兎代夫は東京帝国大学卒業後、国民精神文化研究所員、文部省教学官、国学院大

学教授を歴任する。憲法と国家学の研究に従事し、また大日本言論報国会にあって活発に活動した。

我が国の国体の中には、土地と人とを一体不可分の関係に結びつけて見る考へが強烈に存してゐるのであつて、我々はその最も重大なる現はれを国生みの神話に見るのである。（略）国生みの神話が物語つてゐるやうに、自然も人も共に神に出づる神聖なるものであり、その神聖なる精神を生かすところに真の文化の意義が見られるのである。

即ち国生みの神話には従来ヨーロッパを中心とする世界制覇の思想、或ひはヨーロッパ文明の従来の在り方を批判する根本の態度が存してゐるものと思はれる。我我が大東亜戦争の地域性を考へる場合には、日本の神話に存在する本来の態度まで遡つてこれをなさなければならないのである。（一八―一九ページ）

「国生みの神話」とは、『古事記』にあるイザナギ・イザナミの二神が天沼矛《あめのぬぼこ》で混沌とした大海をかき回し、オノゴロ島をはじめ大八島《おおやしま》の島々を造り出していったという話である。この神話にある「自然も人も共に神に出づる神聖なるもの」という考え方を下敷きに、「ヨーロッパを中心とする世界制覇の思想」や「ヨーロッパ文明」を批判する

「根本の態度」が古来から存在していたと解釈している。しかも「大東亜戦争」を、「日本の神話に存在する本来の態度」まで遡ってその意義を感得せよというのだから、

「日本スゴイ」思想もここまでくればオカルトというほかはない。

大東亜共栄圏の構想に於いては、かくのごとき個別国家の観念は許さるべきではなく、大東亜共栄圏に属する各国は、一種の運命共同体を形作り、かくのごとき共同体の運命を離脱して共栄圏以外の国家と結合するがごときことは許さるべからざることである。（略）大東亜共栄圏に属する各国が主権を有することは、言ふまでもないが、この主権は大東亜共栄圏全体から離れて個別的に存するものではなく、共々に大東亜共栄圏の道義的秩序を保持し、発展せしむべき共同の責任に於いて結合せる主権である。大東亜共栄圏に属する各国は、兄弟の関係に於いて結びつけられるべく、大東亜の各国の結合関係の中には、家の観念が内在してゐることを指摘しなければならない。（二三―二四ページ）

「大東亜共栄圏」の構想では「個別国家の観念」は許されない――なんともあけすけだが、ここに本音がよく表れている。「運命共同体」なのだから、その「結合関係」から勝手に抜けることは許さないというわけだ。封建的な「家」制度がそうだったように、

その共同体に所属するか否かはあらかじめ選択の余地などないとされているかのようだ。大串は、「大東亜共栄圏の道義的秩序を保持」せよともいうが、その「道義的」なるものは明示されない。「大東亜共栄圏に属する各国は、兄弟の関係」などといわれても、大日本帝国はあらかじめ兄貴分であることが前提とされていて、これもまた家父長制的ヒエラルキー構造のもとにアジア各国を組み込んでいく構想だったことがうかがわれる。

我々が今日この世界史的使命を遂行するにあたつて、常に把持しなければならないことは、言ふまでもなく皇国の道の自覚であつて、こゝに我々の精神の郷土があり、我々がいかなる民族にも愛敬の念を以って接し得る根源の精神が存してゐるのである。而もこの道は神の生み給ひし我が大八洲の国の国土を離れずして存するのであつて、御稜威の世界的光被の根拠となるものは常にこの大八洲の国であることを忘れてはならない。それは恰も日章旗が示してゐるがごとくに、我が国の道は中心ありて始めて八方に光被するの道であり、郷土を亡失するがごとき所謂世界精神とはその撰を異にしてをるのである。（五三ページ）

「御稜威の世界的光被の根拠となるものは常にこの大八洲の国」「日章旗が示してゐるがごとくに、我が国の道は中心ありて始めて八方に光被するの道」。こうした表現は、まさに日本列島からありがたい光が四方八方に放たれているイメージだろうか。興味深いのは、大和民族が世界史的使命を帯びた「世界民族」として飛躍(＝大東亜共栄圏の建設)するなかで、大串は「御稜威の世界的光被の根拠となるものは常にこの大八洲の国であることを忘れてはならない」――大和民族の精神的〝家郷〟を忘れるなとクギを刺している点だ。「国生みの神話」から援用された「大東亜戦争」の意味づけと、二十世紀の帝国主義戦争がもつグローバルな性格との乖離をなんとか接合しようとしているかのようにみえる。

いずれにしても、大串の脳内では日本こそが世界の中心なのだろう。この〈日本を世界の中心〉たらしめようとする面妖な情熱こそが、「日本スゴイ」言説の病理なのかもしれない。

神の国には敗戦はない

塩沢元次『日本必勝論』(駸々堂、一九四三年〔昭和十八年〕)

今日世界を救ふみちは唯《ただ》皇国日本の「必勝」あるのみ(三ページ)

冒頭から異常にテンションが高いこの本は、全編にわたって「日本の勝利は絶対である」「日本に敗戦なし」などと「日本スゴイ」言説で世の中を煽りまくっていて、異様な熱気に満ちている。

一九四三年（昭和十八年）の山本五十六元帥機撃墜（国内発表は五月）、アッツ島守備隊玉砕（同月）など劣勢が伝えられる状況にあったこの年の七月に刊行された本だが、著者が「勝利」「無敗」を繰り返し書きなぐっているのがなんともうさんくさい。というのも、書いた本人自身が信じるためにこそ「勝利」という言葉を使用している印象が強く、ここにはむしろ「もしかしてこの戦争ヤバイんじゃね？」的な敗北の予感が透けてみえるのだ。

ともあれこの『日本必勝論』の白眉は、

八紘に「養正為宇」して皇道の御光により全世界を照臨する「斯の道」から、すべての皇道総力戦は発せられてをり大東亜戦争もまた上代からつながるこの皇戦の延長であり、世界皇化の拡充過程である。（八ページ）

という、唖然とするような「大東亜戦争」の位置づけにある。

林房雄の珍書『大東亜戦争肯定論』（番町書房、一九六四—六五年）でさえ、せいぜい

黒船来航以来の「東亜百年戦争」だったのに対し、塩沢理論の世界でははるか神代から続く「世界皇化」の延長線上に「大東亜戦争」を位置づけていて、二千六百年にも及ぶ永久戦争であるというのだから、およそ二十世紀の総力戦を戦っているとは思えない神がかりぶりだ。

　では、その「勝利」像はどのようなものだったかというと、

世界的規模における尊王攘夷は今まさに決戦をつづけつつある大東亜戦争であり勤皇絶対をもって夷敵米英を速《すみやか》に撃滅、彼らの旧秩序とユダヤの思想文化を地球上から抹殺（一七ページ）

という恐るべき内容になっている。「八紘為宇」とは名ばかり、あらゆる西欧的なものを根絶して日本が世界を征服するつもりだったようだ。

　塩沢元次はますます乗ってきたのか、日本の勝利のための「国民訓練」プランにまで筆は及び、「日本魂は全国民に「体当り」を要求す」などと勝手なことを噴き上げるの

だから困ったものである。

日本の殉国の精神は神性であり、自然の性であり、本能であり、愛情であって義務観念のやうに後天的のものでは割りきれない、理解できない民族の血の流れである。（三〇ページ）

など、このあたりになってくると読むほうもさっぱり「理解できない」。あげくの果てに「純血の日本民族を四億人に増やして指導民族として世界に配分せよ」とまで書いている。この人は自分が何を言っているのかわかっているのだろうかと疑わざるをえないような、自己陶酔ポエムに定価をつけて売っていたわけだ。

著者の塩沢は「大阪新聞」（当時）の元記者で、戦後は「有識者」として「民主政治とは」などのテーマで講演したりしていたようである。戦時下の神がかりぶりには口をすっかり拭って民主主義者へと鮮やかに転身していったようだ。こうした事実が完全にスルーされて戦後も識者ヅラをしていたことこそ、「日本スゴイ」なのではないだろうか。

不逞思想の持ち主は南島へ「流刑」

大蔵公望「大東亜共栄圏の政治建設」
（日本外政協会編「外交評論」一九四二年〔昭和十七年〕四月号、日本国際協会）
陸軍省軍務課「思想犯経歴者南方に収容する件」
（一九四二年〔昭和十七年〕八月十四日付）

日本最大の旅行代理店ＪＴＢは、もともと外国人観光客の誘客促進を目的として発足し、戦時下では「東亜旅行社」「東亜交通公社」と名を変えながら「観光報国」に邁進した準国策会社だった。戦後はＧＨＱによって解体され日本交通公社として復活するのだが、その初代会長となったのが大蔵公望（男爵）だった。
この大蔵が「外交評論」一九四二年（昭和十七年）四月号（日本国際協会）に掲載された論文「大東亜共栄圏の政治建設」でこんなことを書いている。

不逞思想の絶滅　抗日思想は素《もと》より共産思想亦絶対的に此れを弾圧す可きで、其の取扱に温情を示すことは不可である。不逞思想の所有者は悉《ことごと》く之れを死刑又は流刑に処し、一般の善良なる人民と隔離せねばならない。転向を示す者に対しては一時的の隔離により之を監視す可く、些の思想的疑惑あるものは兎に角容赦なく此れを監禁するがいゝ。たゞ土着民相互の利害よりして徒らな投書等を無暗に信據《しんきょ》するのは不可で、其為めには正しき思想を有する信用ある土着民の協力を求むることが望ましい。（一六ページ）

この論文は、東南アジアの日本軍占領地での植民地行政について、政治工作から民族政策、経済政策までを論じた「ぼくがかんがえたさいきょうの大東亜共栄圏」的な政策提言が書き連ねてあるものだ。

大蔵によれば、植民地行政の要となるのは「不逞思想の絶滅」にあるそうで、「不逞思想の所有者は悉く之れを死刑又は流刑」「些の思想的疑惑あるものは兎に角容赦なく此れを監禁するがいゝ」などと有無を言わさずやっつけてしまえばいいというのが結論になっている。

鉄道院を経て満鉄（南満洲鉄道）理事も務めた大蔵だけあって、流刑も一種のツーリズムだったというわけではないだろうが、このメンタリティーの凶悪さには驚く。つまりは「日本帝国主義の植民地支配を妨害するものは殺せ！　島流しだ！」ということであり、いくら「解放」や「人種平等実現」といった美辞麗句を連ねようとも、実際はこんな恐怖政治のもとに「大東亜共栄圏」は成り立っていたのだということを如実に物語るものだ。

この反共の悪魔としかいいようがないトンデモ構想が、実は現実のものになっていた。この大蔵論文が発表されてから数カ月後、陸軍省軍務課の文書「思想犯経歴者南方に収容する件」(一九四二年八月十四日付)には、

非転向者中再犯ノ虞《おそれ》顕著ナラザルモノ又ハ準転向者中其ノ儘《まま》国内ニ居住セシムルヲ不適当ト認ムルモノニ付キテハ南方諸島中適当ノ島嶼ニシテ他ノ日本人ノ居住セズ又駐兵ノ必要ナキ島嶼ヲ選ビ此処ニ於テ必要ナル監督ノ下ニ夫々《それぞれ》適当ナル業務ニ当ラシムルコト(『資料日本現代史』第十三巻、大月書店、一九八五年)

とある。本当にこうした構想が実在したことに驚愕するばかりだが、広大な島嶼群を一挙に占領した「大東亜戦争」緒戦の勝利の時期でもあり、「流刑」が可能な〝フロンティア〟だと考えられたからでもあるのだろうか。善良な臣民の迷惑にならないように、適当な島を探して「アカ」どもを放り込んでおけ、というものだろう。

治安維持法犠牲者国家賠償要求同盟の調査によって、「司法省派遣図南奉公義勇団」という名目でボルネオ島北部に「島流し」された第一次奉公義勇団三十人の名前が一九八四年に明らかにされた。さらに生存者が手記を発表、ボルネオ島北部で原始林の伐採、

焼き畑栽培、現地人の指導に従事したほか、四五年六月の連合軍上陸とともに現地召集され食糧や兵器の運搬などに酷使されたことを記録していた。日本人・朝鮮人・台湾人をも含む流刑者のうち、六人の方が戦病死したという。

この「義勇団」は第三次まで計画され、第二次奉公団はフィリピン沖でアメリカ軍の潜水艦に撃沈された（「赤旗」一九八四年五月十四日付を参照）。なんという悲劇だろうか。

「魚を食ふから日本は強い」！

中村吉次郎『日本人と魚食』（月明文庫）、月明会出版部、一九四三年（昭和十八年）

「日本スゴイ」言説の一つに、「納豆を食べるから日本人は腰が強い」という、論拠不明の日本人論がある。にわかには信じがたいしろものだが、「〇〇を食べるから日本人は〇〇だ」というトンデモ理論は、ほかにいくらでも見つけることができる。

こうした理論はおおむね、特定の食品業界のキャンペーンとしておこなわれることも多く、業界全体の利害と思い込みの激しい「愛国心」との合体の産物だともいえるだろう。

『日本人と魚食』もその一つで、これは水産業に関係する生産者、加工業者、流通業者、小売販売会社などで構成する大日本水産会（一八八二年〔明治十五年〕設立）の機関誌「水産界」に、一九四二年（昭和十七年）五月から連載されたものをまとめたものだ。

「日本の兵隊は何故強いか、それは魚を食ふからだ」という衝撃的な宣言で始まるのだが、皇軍兵士の剛健不屈の精神力は剛健不屈の体力によって培われ、その強靭な体力は「魚」を食べているからだ、というのがその趣旨である。

> 日本の兵隊の強い体力、強い精神力を忘れてはならないと思ふ。剛健不屈の精神力は、剛健不屈の体力にのみ培はれる。そしてこの日本人の体力こそは、日本の魚の肉と骨に拠ること大なるものがあるのではあるまいか。日本人は米、英人に比べて二倍否それ以上の魚肉を食べてゐるのだ。（二〇ページ）

その根拠として挙げられているのが、徴兵検査で（「甲種合格」（最も優良な身体をそなえているということ）をたくさん出した地域は海岸線に集まっている。つまりこれは日頃から魚を食べているからだ。だから魚を食べると、強い兵隊になれる〉という理屈だった。著者の中村吉次郎は、陸軍糧秣廠《りょうまつしょう》の川島四郎主計大佐の発言を引用している。

> 甲種合格の素晴しい身体の壮丁を続けて出して居る村を調査したのでありますが（略）漁村でも、農村でも、山村でも、空気の良き、太陽の光線に恵まれる場合、尤《もっと》もこれあたりはさう大きな差はないのでありますが、唯違ふのは海岸線で魚を喰ふと言ふ一事実であります。又陸の中でも河川や湖沼の近所では魚を喰つて居る。さう云ふ所の壮丁が非常に良い身体だと云ふことが判る。（一二—一三ページ）

当時の日本の農漁村ではほとんど肉食はされておらず、動物性蛋白質の大半を魚食に頼っていた。流通過程での冷蔵技術が現在ほど発達していなかったため、海岸から遠く離れた地域で手に入る魚介類は塩蔵品や干物類などに限られていた。そのため、農村部では消費量もわずかなものだった。海岸部に体格がいい青年が多かったのも、農村部に比べれば魚食が容易だったということに尽きる。つまり魚しか動物性蛋白質がなかったからにすぎないのだ。

では、魚ではなく肉を食べているアメリカ・イギリスの兵隊は弱いのか？とツッコミたいところだが、「日本兵は強い」という前提に何の疑いも抱かないために、国際的な比較などは彼らにとってほとんど意味をもたない。こうした身勝手な基準こそが、「日本スゴイ」言説を成り立たせる大事な部分なのだった。

著者中村の過剰ともいえる魚への愛情は、当時の国策と密接に結び付いたものだった。戦時中は飼料を大量に必要とする肉食を可能なかぎり排し、国策として都市住民にも魚食を大々的に奨励していた。こうした魚食キャンペーンの一環として、「魚を食べる日本人スゴイ」が宣伝された。中村は、魚食奨励が高じて「魚食強兵」というスローガンまで作ってしまったのである。

わが民族が今世界を驚倒せしめてゐる、その猛烈な敢闘精神、敏捷にして積極進取の気性、如何なる艱難をも押切る不屈の魂は、果して遊牧の生活や牧畜の民に生れたのであらうか。島国に育ち漁労に培はれた民族の優秀性を再認識すると同時に、魚食や塩干魚の意味をも再考を要する秋《とき》が来たのである。（六一ページ）

この本では魚食奨励のために、日本民族の魚食の歴史を神代から説き起こし、日本人がいかに魚好きだったのかを同書の半分以上を割いて力説している。そのうえで、「塩干魚（＝お魚の干物）」は日本人のすばらしい発明品であり、そのためみんなもっと干物を食べるべきだと力説するのが同書のクライマックスなのだった。

文部省の公式「日本スゴイ」本がヤバイ会社に酷似の件

文部省教学局編『臣民の道』（文部省教学局、一九四一年〈昭和十六年〉）

一九三五年（昭和十年）に起こった天皇機関説事件をきっかけにして、政府は「国体明徴声明」を出し、事態の収拾をはかった。この趣旨に沿うかたちで、文部省が日本の「国体」に関する正統的解釈を公式に明らかにした。それが小冊子『国体の本義』（文部省、一九三七年）と『臣民の道』だった。

「国体」とはきわめて難解な概念だが、辞書をひもとくと「天皇を倫理的・精神的・政治的中心とする国の在り方」（『大辞林』三省堂）と簡潔に規定されている。その天皇を中心とした国家の始原が神話に基づいているために、国体思想は多分に神がかり的な色彩を濃厚に帯びていた。

イザナギノミコト・イザナミノミコトの「国生

み」から日本国家の起源を説き起こし、「神の国」だから日本はスゴイと宣言した『国体の本義』に続いて、『臣民の道』では一九三〇年代の世界的激動のなかで大日本帝国による「世界新秩序の建設」を論じ、それをふまえて「皇国臣民」がいかに生き、働くべきかについて述べている。この部分がすさまじいものだった。

皇国臣民は国体の本義に徹することが第一の要件である。人は孤立せる個人でもなければ、普遍的な世界人でもなく、まさしく具体的な歴史人であり、国民である。従つて我等にあつては、人倫即ち人の履践《りせん》すべき道は、抽象的な人道や観念的な規範ではなく、具体的な歴史の上に展開せられる皇国の道である。人たることは日本人たることであり、日本人たることは皇国の道に則とり臣民の道を行ずることである。即ち我等は、国体に基づく確固たる信念に生きることに於いて皇国臣民たり得る。（六一ページ。以下、内閣印刷局版による。）

「皇国臣民」とはどのような人間であるかを定義しようとする部分だが、近代的な個人主義やコスモポリタニズムを否定し、「国体」「皇国の道」への信念をもってはじめて「皇国臣民」となる、と説いている。「具体的な歴史人」「具体的な歴史」とは、哲学的に読み解くと長くなってしまうため省略するが、それらは〈普遍〉としての世界史に対する〈特殊〉としてあり、天皇を戴く萬邦無比の国体をもつ世界最古の国という独自性をその内容とする〈日本の歴史〉の意だろう。

「人たることは日本人たることであり、日本人たることは皇国の道に則とり臣民の道を行ずることである」なんですってよ、奥様。「日本人」になるというのはたいそうハードルが高いことのようだ。これは、最近の愛国者諸君が、気に入らない人物をSNSなどでカジュアルに「日本人ではない」認定したがるのと通底するメンタリティーだ。

こうした本を市井の一変人が自費出版で出すのならともかく、当時の文部省が公式の国体思想として発表していたことを考えると、スゴイ時代だったというほかない。

　日常我等が私生活と呼ぶものも、畢竟これ臣民の道の実践であり、天業を翼賛し奉る臣民の営む業として公の意義を有するものである。（略）私生活を以って国家に関係なく、自己の自由に属する部面であると見做し、私意を恣《ほしいまま》にするが如きことは許されないのである。一椀の食、一着の衣と雖《いえど》も単なる自己のみのものではなく、また遊ぶ閑、寝る間と雖も国を離れた私はなく、すべて国との繋がりにある。かくて我等は私生活の間にも天皇に帰一し国家に奉仕するの念を忘れてはならぬ。

（七一ページ）

あらゆる私生活――「一椀の食、一着の衣、（略）遊ぶ閑、寝る間」にいたるまで――国を離れた私はなく「公」の意義を有するとある。遊んだり寝たりしているときでさえ「天皇に帰一し国家に奉仕する」のを忘れてはいけないというのだから、「日本人」をやるのは本当に大変ですねー（棒読み）。

われわれが社会生活を営む以上、たった一人で生きていくことはできないことは誰も知っている経験的事実だ。「一椀の食、一着の衣」といえども、それは気が遠くなるほど多くの人々の手を経てこの私にたどり着く、社会的な人間の営みの産物にほかならない。社会はまさに「人間分子の網の目」（吉野源三郎『君たちはどう生きるか』〈岩波文庫〉、岩波書店、一九八二年）によって成立しているし、近代国民国家が成立するはるか昔から続いている。ところが、この社会的な人間の営みを国家が簒奪《さんだつ》し、「国を離れた私はなく、すべて国との繫がりにある」と宣言するとき、『臣民の道』にみられるような奇怪な国家観が立ち現れてくるのである。

所謂勤人には官公吏・銀行員・会社員等種々の種類があるが、その勤務は何れも国家の仕事の一部であるとの自覚の下に、精励すべきことに於いて変はりはない。このことは官公署・学校等に於いてはもとより明瞭であるが、民間の会社・工場等にあつても国策の運営に即応せねばならぬことはいふまでもなく、従業員各自その勤務を通じて国運進展の職責を担ってゐるのである。凡そ勤務はすべて天皇に仕へ奉るつとめの真心から出発しなければならぬ。利を追ひ、私欲の満足のみを追求するが如きを厳に戒め、全精神を打ち込んで自己の職務に精励しなければならぬ。昔はすべてのつとめを奉公といった。婢僕《ひぼく》のつとめも奉公、職人や商人の見習ひも奉公と呼んだ。奉公の精神が旺盛であれば、自我功利の心の起ることはなく、そこに始めて己を滅した真の奉仕が成立するのである。（八七ページ）

最後の引用部分は、「皇国臣民」としての「勤人」＝賃金労働者の勤務の心得を説いた部分だ。すべての労働は国家進展のためになるのだから滅私奉公で働けというもので、このあたりに『臣民の道』を書かせた当時の支配階級の狙いがあったのではないかと感じずにはいられない。いくら働いても、結局は企業が儲けることには変わりがないのだが、それを「お国のためなのだ」といいなすことでよりいっそうの勤労意欲を引き出すことがここでは目指されているわけだ。

おまけに、あらゆる仕事は「天皇に仕へ奉るつとめの真心」で働けというのだから、私のような低賃金長時間労働者からすればたまったものではない。「社長の命令は天皇の命令だ」と言っているようなもので、労働条件や賃金に文句を言えば「非国民」になってしまう仕組みなのである。

国家的な至高の存在の権威を背景にして、労働者を意のままに従わせることができる――飽くなき利潤の追求は「国策遂行」の看板の裏側に押し隠され、しかも「職務の精励」を「日本人」の規範として国家が定めてくれるのだから、経営者にとってこんなに便利なシステムはない。

「日本スゴイ」言説の究極形態は、「臣民」のあらゆる私生活に対する支配を可能とする勤労「道徳」であった。その姿は、過酷な長時間労働や恐るべき低水準の給与体系、そしてパワーハラスメントなどの暴力的強制を駆使して労働者を酷使する、現代日本においても私たちがしばしば目にするひどい企業のありようを髣髴とさせるものである。『臣民の道』思想は決して過去のものではない。それは、21世紀現在の日本資本主義の労働規範に、いまも深く深く浸透しているのである。

参考文献

赤澤史朗／北河賢三／由井正臣編集・解説『太平洋戦争下の国民生活』（「資料日本現代史」第十三巻）、大月書店、一九八五年
石月静恵『新装版 戦間期の女性運動』東方出版、二〇〇一年
一ノ瀬俊也『銃後の社会史――戦死者と遺族』（歴史文化ライブラリー）、吉川弘文館、二〇〇五年
岩井忠熊『天皇制と日本文化論』文理閣、一九八七年
岡野薫子『太平洋戦争下の学校生活』新潮社、一九九〇年
小川直美「大陸の幻想――『支那在留日本人小学生 綴方現地報告』から」「大阪経大論集」第五十八巻第七号、大阪経済大学、二〇〇八年
荻野富士夫『戦前文部省の治安機能――「思想統制」から「教学錬成」へ』（歴史科学叢書）、校倉書房、二〇〇七年
奥健太郎「戦時下日本の労務動員と政府宣伝――『写真週報』に描かれた女性労働」「法学研究」二〇〇九年二月号、慶應義塾大学法学研究会
奥村典子「戦時下家庭教育政策――家庭における錬成の展開過程を中心に」「人間文化創成科学論叢」第十一号、お茶の水女子大学大学院人間文化創成科学研究科、二〇〇八年
小野雅章『御真影と学校』東京大学出版会、二〇一四年
海後宗臣『歴史教育の歴史』（UP選書）、東京大学出版会、一九六九年
川津貴司「野瀬寛顕における教育技術論の成立」、首都大学東京都市教養学部人文・社会系編「教育科学研究」第二十二号、二〇〇七年

管賀江留郎『戦前の少年犯罪』築地書館、二〇〇七年
神田文人編集・解説『産業報国運動』（「資料日本現代史」第七巻）、大月書店、一九八一年
桑原作次『天皇制教育』（三省堂選書）、三省堂、一九七七年
駒込武／川村肇／奈須恵子編『戦時下学問の統制と動員——日本諸学振興委員会の研究』東京大学出版会、二〇一一年
斎藤正二『「やまとだましい」の文化史』（講談社現代新書）、講談社、一九七二年
佐々木啓「徴用制度下の労資関係問題」「大原社会問題研究所雑誌」二〇〇六年三月号、法政大学大原社会問題研究所
佐藤卓己『言論統制——情報官・鈴木庫三と教育の国防国家』（中公新書）、中央公論新社、二〇〇四年
佐藤広美「戦時下における女性の「社会進出」と教育科学」「人文学報　教育学」第二十七号、首都大学東京、一九九二年
佐藤広美『総力戦体制と教育科学——戦前教育科学研究会における「教育改革」論の研究』大月書店、一九九七年
鈴木裕子『新版　フェミニズムと戦争——婦人運動家の戦争協力』マルジュ社、一九九七年
鈴木裕子編・解説『生活・労働3』（「日本女性運動資料集成」第六巻）、不二出版、一九九四年
鈴木裕子編・解説『戦争』（「日本女性運動資料集成」第十巻）、不二出版、一九九五年
高岡裕之編『厚生運動・健民運動・読書運動』（「資料集総力戦と文化」第二巻）、大月書店、二〇〇一年
千野陽一『近代日本婦人教育史——体制内婦人団体の形成過程を中心に』ドメス出版、一九七九年

津金澤聰廣／有山輝雄編著『戦時期日本のメディア・イベント』世界思想社、一九九八年
寺崎昌男／戦時下教育研究会編『総力戦体制と教育——皇国民「錬成」の理念と実践』東京大学出版会、一九八七年
東京堂編『出版年鑑　昭和八年版』東京堂、一九三三年
東京堂編『出版年鑑　昭和九年版』東京堂、一九三四年
東京堂編『出版年鑑　昭和十年版』東京堂、一九三五年
戸坂潤『日本イデオロギー論』白揚社、一九三五年
鳥居和代『青少年の逸脱をめぐる教育史——「処罰」と「教育」の関係』不二出版、二〇〇六年
中内敏夫『軍国美談と教科書』（岩波新書）、岩波書店、一九八八年
長浜功『教育の戦争責任』明石書店、一九八四年
中道寿一『君はヒトラー・ユーゲントを見たか？——規律と熱狂、あるいはメカニカルな美』南窓社、一九九九年
西田幾多郎『日本文化の問題』（岩波新書）、岩波書店、一九四〇年
林房雄『大東亜戦争肯定論』番町書房、一九六四年
ハルミ・ベフ『イデオロギーとしての日本文化論』思想の科学社、一九八七年
土方和雄『「日本文化論」と天皇制イデオロギー』新日本出版社、一九八三年
藤井忠俊『国防婦人会——日の丸とカッポウ着』（岩波新書）、岩波書店、一九八五年
藤野豊『強制された健康——日本ファシズム下の生命と身体』（歴史文化ライブラリー）、吉川弘文館、二〇〇〇年
藤野豊『厚生省の誕生——医療はファシズムをいかに推進したか』かもがわ出版、二〇〇三年

裴富吉『日本経営思想史――戦時体制期の経営学』マルジュ社、一九八三年
南博『日本人論の系譜』（講談社現代新書）、講談社、一九八〇年
村瀬興雄『ナチズムと大衆社会――民衆生活にみる順応と抵抗』（有斐閣選書）、有斐閣、一九八七年
文部省思想局『日本精神論の調査』文部省思想局、一九三五年
山口近治、教育運動史研究会編『治安維持法下の教育労働運動』（「新樹叢書」第三巻）、新樹出版、一九七七年
山崎志郎「軍需工業における労務動員の実施過程――陸軍造兵廠を中心にして」「商学論集」第六十二巻第一号、福島大学経済学会、一九九三年
山中恒／山中典子『間違いだらけの少年H――銃後生活史の研究と手引き』辺境社、一九九九年
山中恒『ボクラ少国民』第一―五部、辺境社、一九七四―八〇年
山中恒『少国民戦争文化史』辺境社、二〇一三年
山中恒『新聞は戦争を美化せよ！――戦時国家情報機構史』小学館、二〇〇一年
山中恒『戦争のための愛国心――ボクラ少国民の作り方』（「山中恒少国民文庫」第四巻）、辺境社、二〇〇四年
山本信良／今野敏彦『学校行事の宗教的性格』（「大正・昭和教育の天皇制イデオロギー」第一巻）、新泉社、一九七六年
吉田裕／吉見義明編集・解説『日中戦争期の国民動員1』（「資料日本現代史」第十巻）、大月書店、一九八四年
「特集 日本ファシズム――その民衆動員の前提」「季刊現代史」第二号、現代史の会、一九七三年
「特集 日本精神」「思想」一九三四年五月号、岩波書店

あとがき

最近の「日本スゴイ」系テレビ番組では、外国人を起用して「日本スゴイ」を語らせるパターンが多い。日本を褒める外国人（もしくは海外出身者）が日本のメディアは大好きで、たいへんに珍重してきた歴史がある。昭和時代後期には「イザヤ・ベンダサン」というユダヤ人になりすます日本人まで出てきたほどだった。

戦前の一時期、この「日本を褒める外国人」枠を熱狂的人気とともに独占していたのは、遠くドイツからやってきたヒトラーユーゲントの一行だった。ヒトラーユーゲントとは、十五歳から十八歳までの青少年全員の加入が義務づけられたナチス・ドイツの官製団体だ。

一九三八年（昭和十三年）八月、日独防共協定締結を受け、日独青少年組織の交流を目的としてヒトラーユーゲント派遣団三十人が来日した。東京駅で開かれた歓迎集会には数万人の見物客が押しかけ、北原白秋が「万歳ヒットラー・ユーゲント　万歳、ナチス」という歌詞まで作ったほどだから、その熱狂ぶりは推して知るべし、である。

ヒトラーユーゲント一行は一九三八年八月から十一月までの約三カ月間、いくつかのグループに分かれて日本全国四十五カ所（以上）を回り、「日本」を堪能した。昼間はその土地の名所旧跡などを訪問、夜は地元の名士を集めた歓迎会に出席と、彼らのスケジュールはたいへんに過酷なものだった。訪問先も伊勢神宮・橿原神宮・靖国神社ならびに富士山を筆頭に、会津若松では白虎隊の墓を見学、熊本では男子学生の裸体集団体操を見学、軽井沢では近衛文麿と手をつないで踊ったりなど、想像を絶する盛りだくさんの行事が詰め込まれていた。

そのたびにユーゲント団員はスピーチを求められ、

「日本国民の魂は自然美より形成されていると実感した」（日光で）

「本当の日本の姿に触れることができた」（熊本の集団体操を見て）

「日本精神のいかに美しいかを体得した」（富士山で）

などと挨拶するものだから、集まった日本人は大喜びで歓声を上げたのである。

「外から見た日本」という客観性を与えるためには、非日本ネイティブに語らせるのがいちばんの早道だ。よその国の人に褒められるとうれしくなってしまうという心理を的確に突いた、国威発揚の演出だったといえる。それにしても、このユーゲント団員の挨拶が、「日本スゴイ」系メディアで繰り返される陳腐なセリフと酷似しているのは、誠に興味深いことである。こういう言説を耳にしていると、なんだか自分もスバラシイ日本に連なっているようで、イイ気持ちになってくるのだろう。ここがクセモノなのである。

もちろん日本には昔から「スゴイ人」や「スゴイもの」「スゴイ技術」「スゴイお祭り」「スゴイ温泉」など、たくさんのすばらしい事物はあっただろう。たいしてスゴくなかったとしても「極上おもてなし旅館の板前さん」「行列ができる下町のメンチカツ屋さん」「液晶テレビのコンセントをこまめに抜いてひと月二十七円を節約した主婦」をスゴイ人に仕立て上げてメディアは電波に乗せてきた。そしてそれをエンターテインメントとして見せるドキュメンタリーや旅番組・グルメ番組などのコンテンツが大量に制作されてきたのだ。

しかし、二〇〇六年に第一次安倍内閣が発足し、「美しい国・日本」を政策的シンボルとするようになり、官民あげて「クール・ジャパン」などとうわ言を繰り返すようになったころから、明らかに風向きが変わった。端的に表現すれば、これまでは「日本にこんなスゴイものがある」だったアプローチが、「**こんなスゴイものがある日本はスゴイ**」という語り口へと変化したのである。個々のすごい事物が、自国の、あるいは自民族の優越性を喚起するネタとして位置づけられ始めたのだ（それを準備したのが、一九九六年に大ヒットした藤岡信勝・自由主義史観研究会『教科書が教えない歴史』〈産経新聞ニュースサービス〉を筆頭とする、歴史修正主義言説の台頭だったと私はみている。さまざまな

「美談」や「偉人の業績」を活用する方法論もまた通底するものがある。このあたりについては、別の機会に論じたい)。

べつに自分がスゴイわけでも何でもないのに、なぜか自分が褒められているかのように感覚してしまう「日本スゴイ」現象――それはハッキリ言って「大きな勘違い」で、視聴者自身は全然スゴくないままなのだ――その快感のなかで、みすぼらしい自分の現実の姿を忘れ、〈日本人としての誇り〉とか〈皇国民としての使命〉といった大義を担う存在へと動員されていくところに、大きな陥穽があるのではないだろうか。

前著『「愛国」の技法――神国日本の愛のかたち』(青弓社、二〇一四年)で述べたように、〈日本人としての誇り〉とか〈皇国民としての使命〉といった大義は、常に必ず他人を命令に従わせるために活用される。

試みに衆・参両院の国会議事録を〈日本人としての誇り〉で検索してみると、一九四五年(昭和二十年)以降百二十件の発言がヒットするが、そのうち、戦後五十年の九五年(平成七年)以降だけで九十七件を占める。最近二十年で「日本人としての誇り」なるものが大量に使用されたということだけでなく、為政者にとってたいへんにニーズのある概念として浮上してきたということを、心の片隅に小さくメモしておいていただければ幸いである。

本書は、二〇一五年にいくつかの新聞・機関紙に連載した記事を大幅に加筆して再構成した。本来は、女性の動員や食生活場面での「日本スゴイ」にも言及する予定だったが、時間の都合で断念したことが悔やまれる。

最後に、新聞掲載時に担当してくださった時事通信社の佐藤正章さん、赤旗編集局学術文化部の田中佐知子さん、そして執筆の遅れを何度も叱咤してくださった青弓社の矢野恵二さんにこの場を借りて感謝します。

文庫版あとがき

実はテレビを見るのがとても苦手だ。テレビの前に座って、黙ってテレビの話を聞いているのがそもそもツライ。とくに、夜のゴールデンタイムにやっているバラエティー番組が何よりもイヤだ。ダサくて派手なフォントでセリフを文字にするテロップ攻撃がイヤだ……などなどということで、この本を準備しはじめるまでは、ほとんどテレビを見ていなかった。

その生活が一変したのが、「日本スゴイ」番組の大洪水だった。偶然目にしたのが「世界が驚いたニッポン！スゴ〜イデスネ!!視察団」（テレビ朝日系）だった。「いやコレ、すごいのはこの人でニッポンがスゴイわけじゃないじゃん」的に大いに驚いた。

それが二〇一四年のことだった。以降、テレビ番組欄を注意深く観察しているが、各局で毎週数本の「日本スゴイ」番組がある。夜七時からやっている二時間番組ばかりではない。（テレビ朝日では）土曜の早朝にやっている民間放送教育協会制作のしぶい三十分番組（「日本のチカラ」）や、ＮＨＫが海外向けに制作している日本文化紹介番組（「Japanology Plus」）まで、さまざまなプログラムが放映されていた。

家族で共有しているＨＤＤレコーダーではとても足りないので、ついにテレビ録画専用のＰＣを組み立て、えんえんと各局の「日本スゴイ」番組を記録しつづけるに至った。

これを「苦行」と呼ぶ人がいるが……まったくそのとおりでございますと、うなだれるほかない。けれども、人類の愚行の記録として後世の人びとに伝えたいという真摯な願いが、この一見虚しい作業には込められているわけなんですよ（ちょっとウソくさい）。

テレビにおける「日本スゴイ」番組の興隆はたいへんわかりやすいのだが、書籍やムックの世界にはもっと早くから「日本スゴイ」の波はおしよせていた。「日本人の誇りをとりもどせ」のスローガンの下、一九九〇年代なかばから歴史修正主義と抱合せのかたちで出版の世界でじわじわと勢力を広げていたのである。

本書では現在の「日本スゴイ」の諸特徴を踏まえた上で、その思想的ご先祖様をたどることを眼目とした。

カテゴリー的には「日本文化論」にかかわるものであるが、志賀重昂『日本風景論』（一八九四〈明治二十七〉年）や芳賀矢一『国民性十論』（一九〇七〈明治四十〉年）といった古典から説き起こすのではなく、戦時体制構築を担う〈日本臣民〉の組織化が強く目指された、満洲事変前後の「日本主義」の大洪水時代から一九四五年の敗戦直前のものに絞った。

敗戦前も、そして戦後も重層的に蓄積された「日本文化論」から少し距離をおいたことで、よりプラグマティックな（＝自己慰撫のオカズとして使いやすい）自民族の優秀性を称揚する言説に焦点を当てることができたように思う。現在の「日本スゴイ」と比較すると、「スゴイ」ネタはすでに敗戦前までに開発されたものも多く、「スゴイ」を煽るパターンも似通ってくること、そして「日本賛美」が形成した「よい日本人」モデルは、その大きな部分を勤労道徳の啓蒙が占めていること——が見えてきた。その意味で本書は、現代の「日本スゴイ」イデオロギーを読み解いていくための予備的考察をなすと言える。

本書での追究を基礎にして、出版・テレビから文化輸出国策まで、メディア横断的に広がっている現在の「日本スゴイ」言説のしくみを考察する作業にとりかかっている。すでにその一部を「「日本スゴイ」という国民の物語」（塚田穂高編著『徹底検証　日本の右傾化』筑摩書房、二〇一七年所収）として発表したが、さらに掘り下げて、『「日本スゴイ」のしくみ』（朝日新聞出版）として上梓する予定だ。本書でご興味を持ってくださった方は、ぜひそちらもご覧頂きたいと願っている。

二〇一九年二月

早川タダノリ

「日本《にほん》スゴイ」のディストピア
戦時下《せんじか》自画自賛《じがじさん》の系譜《けいふ》
朝日文庫

2019年3月30日　第1刷発行

著　者　早川《はやかわ》タダノリ

発行者　須田　剛
発行所　朝日新聞出版
〒104-8011　東京都中央区築地5-3-2
電話　03-5541-8832(編集)
03-5540-7793(販売)

印刷製本　大日本印刷株式会社

ISBN978-4-02-261960-0

萩原 延壽
西南戦争 遠い崖13
アーネスト・サトウ日記抄《大佛次郎賞受賞》

西南戦争勃発の「現場」に居合わせたサトウにとって「西郷の叛乱」とは何だったのか。また医学の普及に努めていたウイリスにとっては?

萩原 延壽
離日 遠い崖14
アーネスト・サトウ日記抄《大佛次郎賞受賞》

明治一五年、サトウは三回目の賜暇で帰国の途についた。大佛次郎賞受賞の大河ドラマ、いよいよ完結。最終巻には総索引を収録。

萩原 延壽
遠い崖 全14巻
アーネスト・サトウ日記抄《大佛次郎賞受賞》

幕末から明治へ、日本史の転換点を、イギリスの外交官アーネスト・サトウの日記を軸に、内外の史料を駆使して描く壮大な歴史ドラマ。

海野 弘
秘密結社の世界史
フリーメーソンからトランプまで、その謎と陰謀

人はなぜ〝秘密結社〟に魅せられるのか? 古代から中世、近代、現代に至るまで、秘密結社という「隠された視点」から世界史を読み直す。

楠木 誠一郎
日本史・世界史同時代比較年表

そのとき地球の裏側では何が? 紀元前から平成まで、同時代の日本史・世界史の重要な出来事、人物を徹底比較。意外なエピソード二一〇を紹介。

網野 善彦
中世的世界とは何だろうか

日本は「孤立した島国」ではなかった! 源平の時代から後醍醐まで広く深く日本の歴史をとらえなおす、若い読者におくる網野史学への招待。

保阪 正康
安倍"壊憲"政権と昭和史の教訓
昭和史研究の第一人者が、敗戦につながる「昭和一〇年代」に着目。桐生悠々、二・二六事など多彩な素材を基に、日本人が学ぶべき教訓を引き出す。

開高 健
ベトナム戦記
戦場の真っ只中に飛び込み、裸形の人間たちを凝視しながらルポルタージュしたサイゴン通信。
《解説・日野啓三》

朝日新聞長崎総局編
ナガサキノート
若手記者が聞く被爆者の物語
二〇代・三〇代の記者が、被爆者三一人を徹底取材。朝日新聞長崎県内版の連載「ナガサキノート」をまとめた、悲痛な体験談。さだまさし氏推薦。

山口 彊
ヒロシマ・ナガサキ 二重被爆
こんな人生があっていいのか——。広島と長崎で二度被爆した九三歳の著者が、被爆体験、封印してきた「あの戦争」への思いを語る。

小河原 正己
ヒロシマはどう記録されたか 上・下
上・昭和二十年八月六日/下・昭和二十年八月七日以後
原爆の一閃により、すべてが止まったヒロシマで、爆心地を目指した記者たちがいた。核の時代の原点に迫る、現代人必読の書。《解説・竹西寛子》

トーマス・バーゲンソール著/池田 礼子、渋谷 節子訳
アウシュビッツを一人で生き抜いた少年
A Lucky Child
子供が真っ先に「価値なし」と殺された収容所で、最後まで諦めないことを教えた両親の愛情と人々の勇気によって、奇蹟的に生き延びた少年の自伝。